Jörg Krampe/Rolf Mittelmann

Rechnen bis 1000

Addition und Subtraktion (schriftlich)
Multiplikation und Division (halbschriftlich)
Sachaufgaben

40 Kopiervorlagen mit Selbstkontrolle
in 4 Differenzierungsstufen

Gedruckt auf umweltbewusst gefertigtem, chlorfrei gebleichtem
und alterungsbeständigem Papier.

2. Auflage 2022

Illustrationen: Katharina Reichert-Scarborough
Layout/Satz: PrePress-Salumae.com, Kaisheim

ISBN 978-3-95660-**422**-5

www.brigg-verlag.de

Inhaltsverzeichnis

Vorwort

Das **Rechnen bis 1000** gehört mit den 4 schriftlichen bzw. halbschriftlichen Rechenverfahren zu den **elementaren Grundfertigkeiten** jedes Kindes in der Primarstufe, in der Förderschule und darüber hinaus in der Sekundarstufe 1.

Dem allgemeinen Bestreben nach stärkerer *individueller Förderung* entsprechend werden zu jedem der 10 Einzelthemen Übungsspiele *in 4 verschiedenen Niveaustufen* mit unterschiedlicher Spielform angeboten. Mit Ausnahme der Sachaufgaben sind sie wie folgt aufgebaut:

- Spiele mit der Bezeichnung **A** enthalten normale Aufgaben und beginnen mit einer kurzen Anleitung, damit die Kinder ihre Lücken selbstständig schließen können und die Lehrer/-innen entlastet werden.
- Die mit **B** bezeichneten Spiele verzichten auf diese Anleitung und enthalten ansonsten Aufgaben des gleichen Schwierigkeitsgrades.
- Die Spiele mit den Buchstaben **C** und **D** enthalten anspruchsvollere Rechnungen, z. B. Aufgaben mit wechselnder Leerstelle oder dreischrittige Aufgabenstellungen.

Alle Spiele enthalten zwischen 12 und 20 Aufgaben zur *Addition* und *Subtraktion* (jeweils Kopfrechnen und schriftliche Rechenverfahren) bzw. zur *Multiplikation* und *Division* (jeweils Kopfrechnen und halbschriftliches Rechnen). Eine Ausnahme stellt die Spielgruppe 10 dar, in der ausschließlich Sachaufgaben enthalten sind.

Hinweis zur Spielgruppe 7 (Schriftliche Subtraktion mit Übertrag): Hier konnten in den Lösungen die Übertragszahlen nicht eingetragen werden, da es zwei mögliche Rechenverfahren (Abziehen und Ergänzen) gibt. Wenn den Kindern die Übertragszahlen in den Lösungen präsentiert werden sollen, können sie auf die Lösungsblätter vor dem Kopieren ergänzt werden.

Hinweis zu den Spielgruppen 8 und 9 (Halbschriftliche Multiplikation und Division): Hier sind verschiedene Zwischenrechnungen in den Lösungen möglich. In diesem Band wurde bei der Multiplikation jeweils mit der größten Zahl begonnen, da die Kinder sonst leicht Stellenwertfehler machen. Bei der Division wurde eine Lösung gewählt, die einfach ausgerechnet werden kann. Es ist aber sinnvoll, die Kinder darauf hinzuweisen, dass sie auch auf anderem Weg zur richtigen Lösung gelangen können.

Die Übungen sind methodisch in der bewährten Form der **Rechenspiele** gestaltet. Dies fördert die Motivation und erleichtert durch *Selbstkontrollmöglichkeiten* den Einsatz *bei innerer Differenzierung, im Förderunterricht, im Wochenplan und in der Freiarbeit.*

Die Beschränkung auf insgesamt nur **fünf verschiedene Spielformen** mit leicht verständlichen Spielregeln (Ausmalen, Bild aus Punkten, Domino, Geheimschrift, Puzzle) sorgt zum einen für den Erhalt der Übungsbereitschaft und vermeidet zum anderen die Verzettelung und unnötige zusätzliche Erklärungen durch die Lehrperson. Wegen der **vier Differenzierungsstufen** eignen sich die Kopiervorlagen besonders für den Unterricht in sehr heterogenen Klassen und in jahrgangsgemischten Klassen.

Diese Rechenspiele lassen sich *unabhängig von jedem Lehrbuch* oder anderen Übungsmitteln einsetzen. Zudem sind die Spiele ideal geeignet zur Gestaltung von *Vertretungsstunden.*

+ und – innerhalb der Hunderter

440 + 320 = ____ □□□□ |||| + □□□ || = □□□□□ □□ ||||| |	**780 – 450 =** ____ □□□⊠⊠ ⊠⊠ 卌 ||| = □□□ |||
440 + 320 = 760 705 + 104 = ____ 410 + 60 = ____ 600 + 206 = ____ 305 + 203 = ____ 280 + 305 = ____ 650 + 330 = ____ 130 + 660 = ____ 340 + 300 = ____ 940 + 50 = ____	780 – 450 = ____ 510 – 205 = ____ 390 – 170 = ____ 565 – 105 = ____ 385 – 220 = ____ 880 – 30 = ____ 507 – 200 = ____ 660 – 300 = ____ 780 – 350 = ____ 190 – 70 = ____

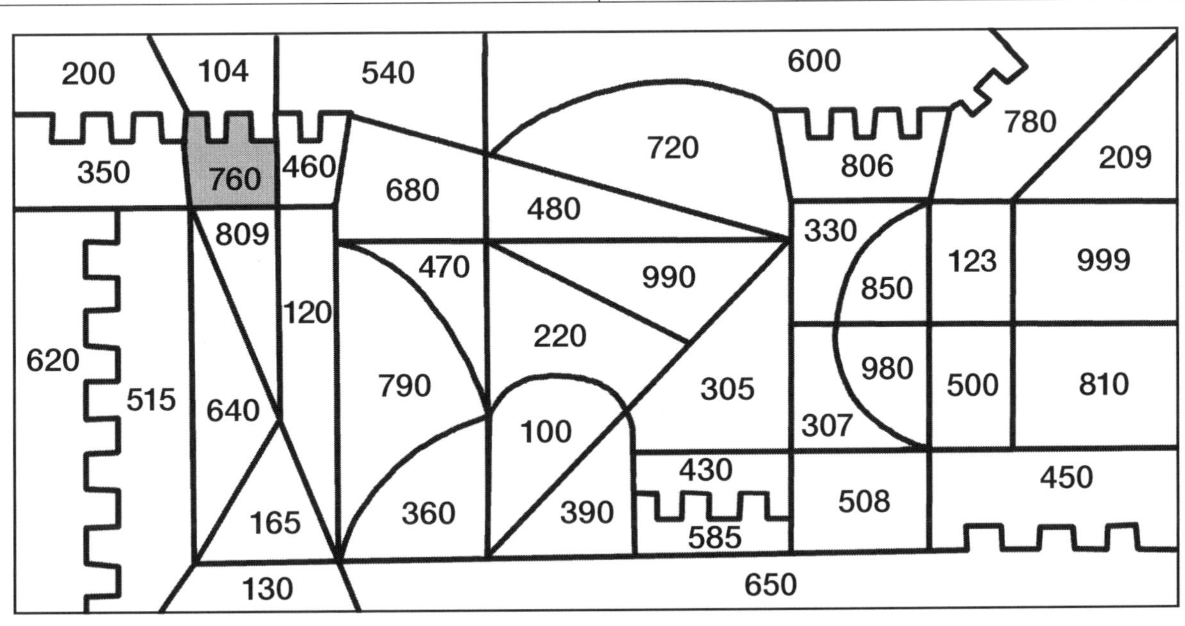

So geht's:

- Löse die Aufgaben und notiere die Ergebnisse.
- Suche die **Ergebniszahlen** im Bild und male nur diese Felder aus.
- **Selbstkontrolle:** Die ausgemalten Felder ergeben ein Lösungsbild.

440 + 320 = **760**	780 – 450 = **330**
705 + 104 = **809**	510 – 205 = **305**
410 + 60 = **470**	390 – 170 = **220**
600 + 206 = **806**	565 – 105 = **460**
305 + 203 = **508**	385 – 220 = **165**
280 + 305 = **585**	880 – 30 = **850**
650 + 330 = **980**	507 – 200 = **307**
130 + 660 = **790**	660 – 300 = **360**
340 + 300 = **640**	780 – 350 = **430**
940 + 50 = **990**	190 – 70 = **120**

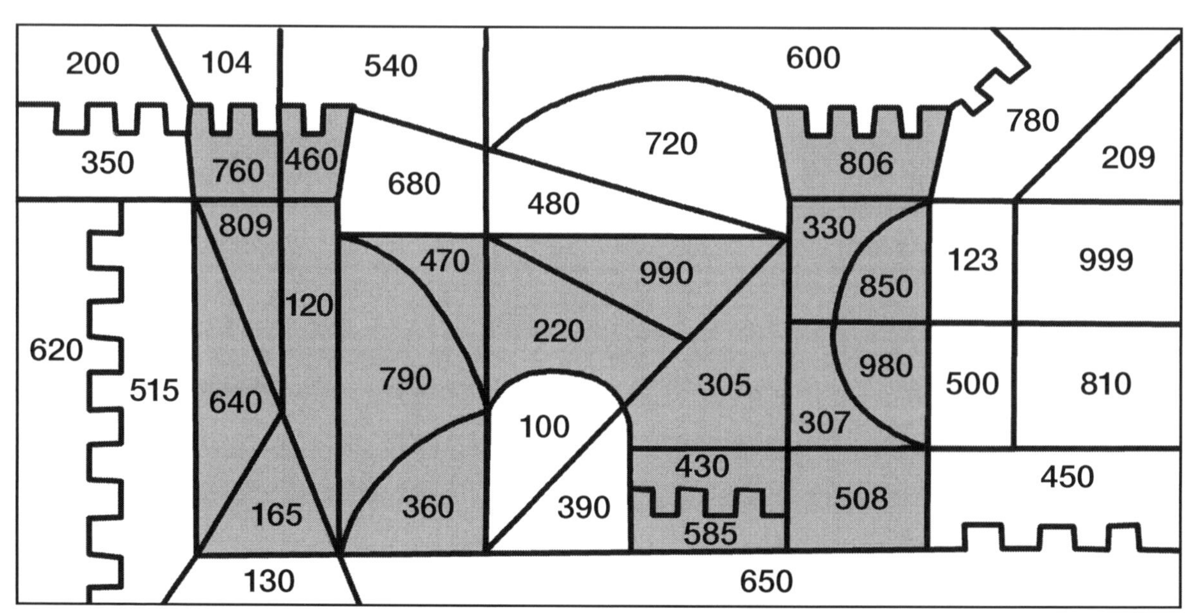

+ und – innerhalb der Hunderter

810 + 180 = ____	870 – 450 = ____	507 – 201 = ____	707 – 403 = ____
705 + 240 = ____	630 + 250 = ____	804 + 105 = ____	630 – 420 = ____
460 + 408 = ____	908 – 504 = ____	702 + 206 = ____	620 + 305 = ____
940 – 430 = ____	670 – 220 = ____	370 + 409 = ____	850 – 440 = ____
240 + 530 = ____	480 + 210 = ____	560 – 220 = ____	809 – 603 = ____

So geht's:

- Löse die Aufgaben und notiere die Ergebnisse.
- Schneide die Puzzleteile aus.
- Lege die Puzzleteile in der Reihenfolge der **von dir errechneten Zahlen** (von der kleinsten zur größten) nebeneinander, immer 4 in eine Reihe.
- **Selbstkontrolle:** Alle Teile ergeben zusammengelegt ein Lösungsbild.

Puzzle

809 – 603 = **206**	630 – 420 = **210**	707 – 403 = **304**	507 – 201 = **306**
560 – 220 = **340**	908 – 504 = **404**	850 – 440 = **410**	870 – 450 = **420**
670 – 220 = **450**	940 – 430 = **510**	480 + 210 = **690**	240 + 530 = **770**
370 + 409 = **779**	460 + 408 = **868**	630 + 250 = **880**	702 + 206 = **908**
804 + 105 = **909**	620 + 305 = **925**	705 + 240 = **945**	810 + 180 = **990**

+ und – innerhalb der Hunderter

670 – **160** = 510	____ + 406 = 807
____ + 404 = 606	____ + 450 = 790
560 + ____ = 990	990 – ____ = 570
380 + ____ = 580	____ + 710 = 880
____ – 205 = 403	____ – 330 = 240
850 – ____ = 620	807 – ____ = 601
407 + ____ = 709	____ + 270 = 890
____ – 310 = 410	908 – ____ = 603
640 + ____ = 960	____ – 400 = 450
205 + ____ = 608	989 – ____ = 809

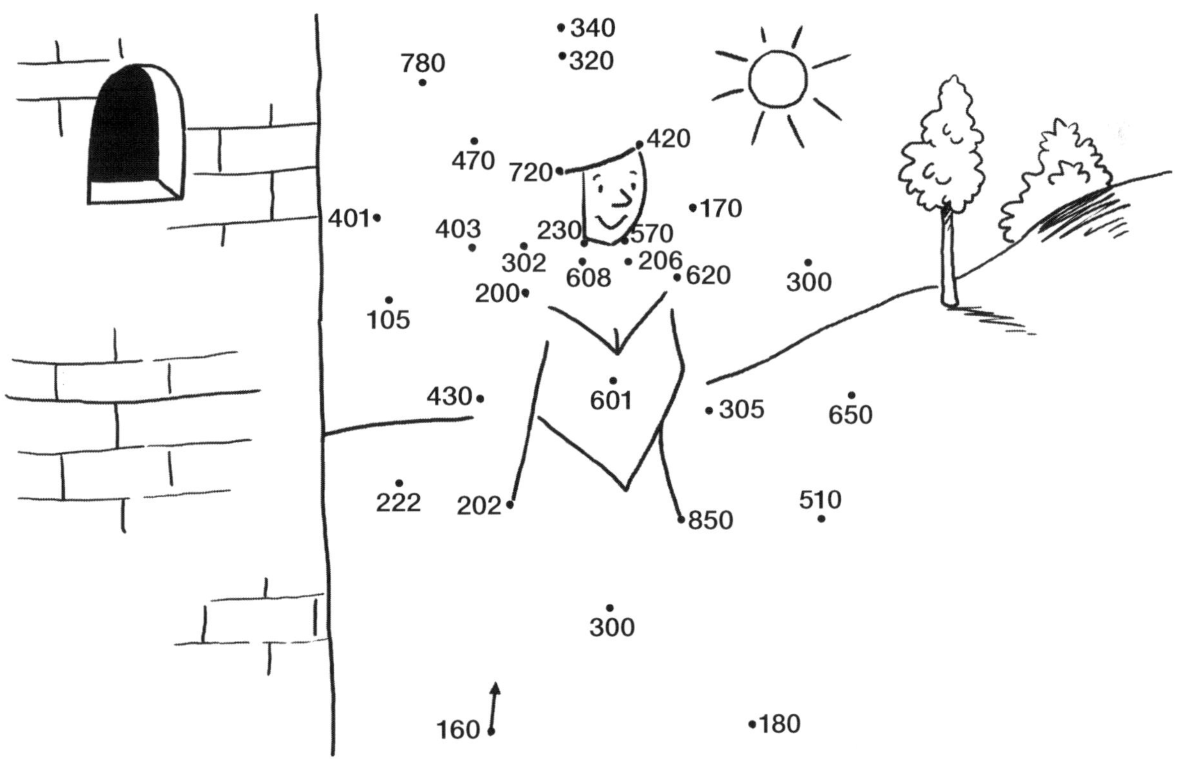

So geht's:

- Löse die Aufgaben und notiere die fehlenden Zahlen.
- Suche die **von dir errechneten Zahlen** im Bild und verbinde die Punkte in der Reihenfolge der Aufgaben (Lineal).
- **Selbstkontrolle:** Die verbundenen Linien ergeben ein Lösungsbild.

Bild aus Punkten

+ und – innerhalb der Hunderter – Lösungen

1 C

670 – **160** = 510
202 + 404 = 606
560 + **430** = 990
380 + **200** = 580
608 – 205 = 403
850 – **230** = 620
407 + **302** = 709
720 – 310 = 410
640 + **320** = 960
205 + **403** = 608

401 + 406 = 807
340 + 450 = 790
990 – **420** = 570
170 + 710 = 880
570 – 330 = 240
807 – **206** = 601
620 + 270 = 890
908 – **305** = 603
850 – 400 = 450
989 – **180** = 809

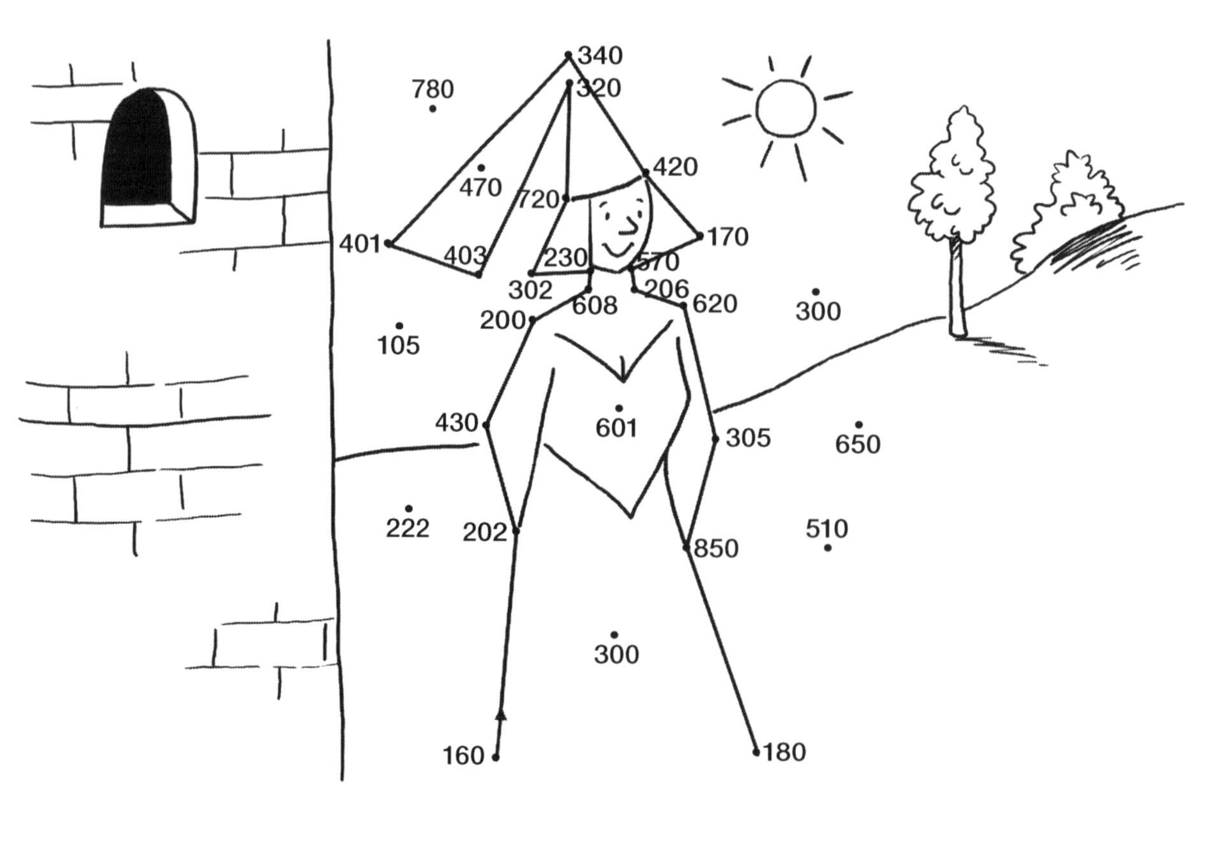

Bild aus Punkten

+ und – innerhalb der Hunderter

860 – 220 – 310 =	**330**	L
990 – 430 – 320 =	____	
780 – 620 + 120 =	____	
807 – 502 – 104 =	____	
740 – 231 + 300 =	____	
670 + 120 – 510 =	____	
905 – 404 + 206 =	____	
580 – 460 + 370 =	____	
704 – 602 + 178 =	____	
450 – 130 + 460 =	____	

239 + 720 – 252 =	____	
405 + 203 + 201 =	____	
340 + 420 – 330 =	____	
230 + 120 + 240 =	____	
202 + 202 + 303 =	____	
450 + 340 – 110 =	____	
620 + 270 – 460 =	____	
204 + 300 – 202 =	____	
689 + 310 – 190 =	____	
640 + 350 – 400 =	____	

Schlüssel:

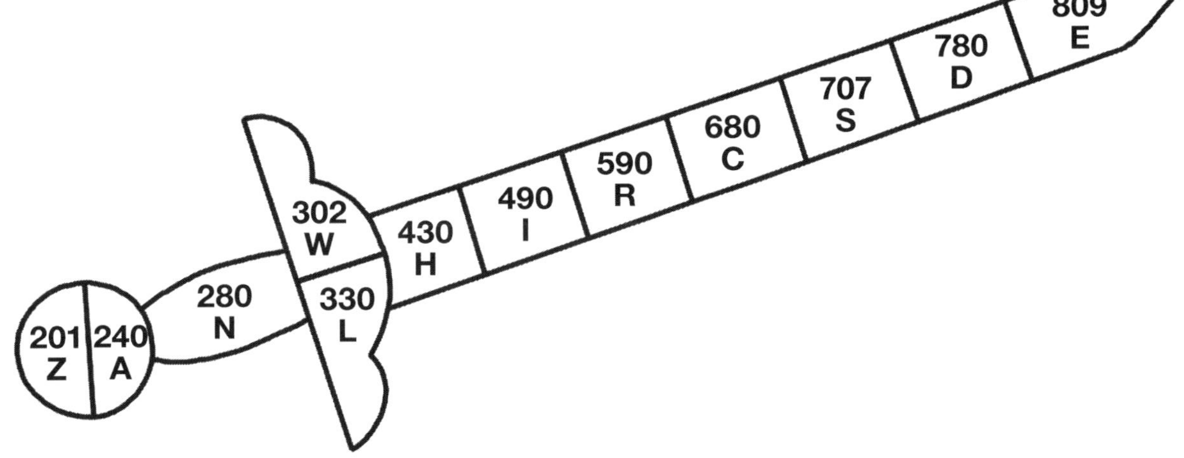

Lösung:

L																				

So geht's:

- Löse die Aufgaben und notiere die Ergebnisse.
- Suche die Buchstaben zu den **Ergebniszahlen** im Schlüssel.
- Trage die entsprechenden Buchstaben hinter den Ergebnissen (in die Kästchen) und der Reihe nach (von oben nach unten) bei „Lösung" ein.
- **Selbstkontrolle**: Die Lösung ist eine Information über die Ausrüstung der Ritter.

+ und – innerhalb der Hunderter – Lösungen

860 – 220 – 310 =	**330**	L
990 – 430 – 320 =	**240**	A
780 – 620 + 120 =	**280**	N
807 – 502 – 104 =	**201**	Z
740 – 231 + 300 =	**809**	E
670 + 120 – 510 =	**280**	N
905 – 404 + 206 =	**707**	S
580 – 460 + 370 =	**490**	I
704 – 602 + 178 =	**280**	N
450 – 130 + 460 =	**780**	D

239 + 720 – 252 =	**707**	S
405 + 203 + 201 =	**809**	E
340 + 420 – 330 =	**430**	H
230 + 120 + 240 =	**590**	R
202 + 202 + 303 =	**707**	S
450 + 340 – 110 =	**680**	C
620 + 270 – 460 =	**430**	H
204 + 300 – 202 =	**302**	W
689 + 310 – 190 =	**809**	E
640 + 350 – 400 =	**590**	R

Lösung:

L A N Z E N   S I N D   S E H R   S C H W E R .

Geheimschrift

+ und – über die Hunderter

2 A

380 + 40 = ____

□□□ ||||| ||| + ||||

= □□□□ ||

430 – 40 = ____

□□□□ ||| → □□□ ||||| |||| ||||

= □□□ ||||| ||||

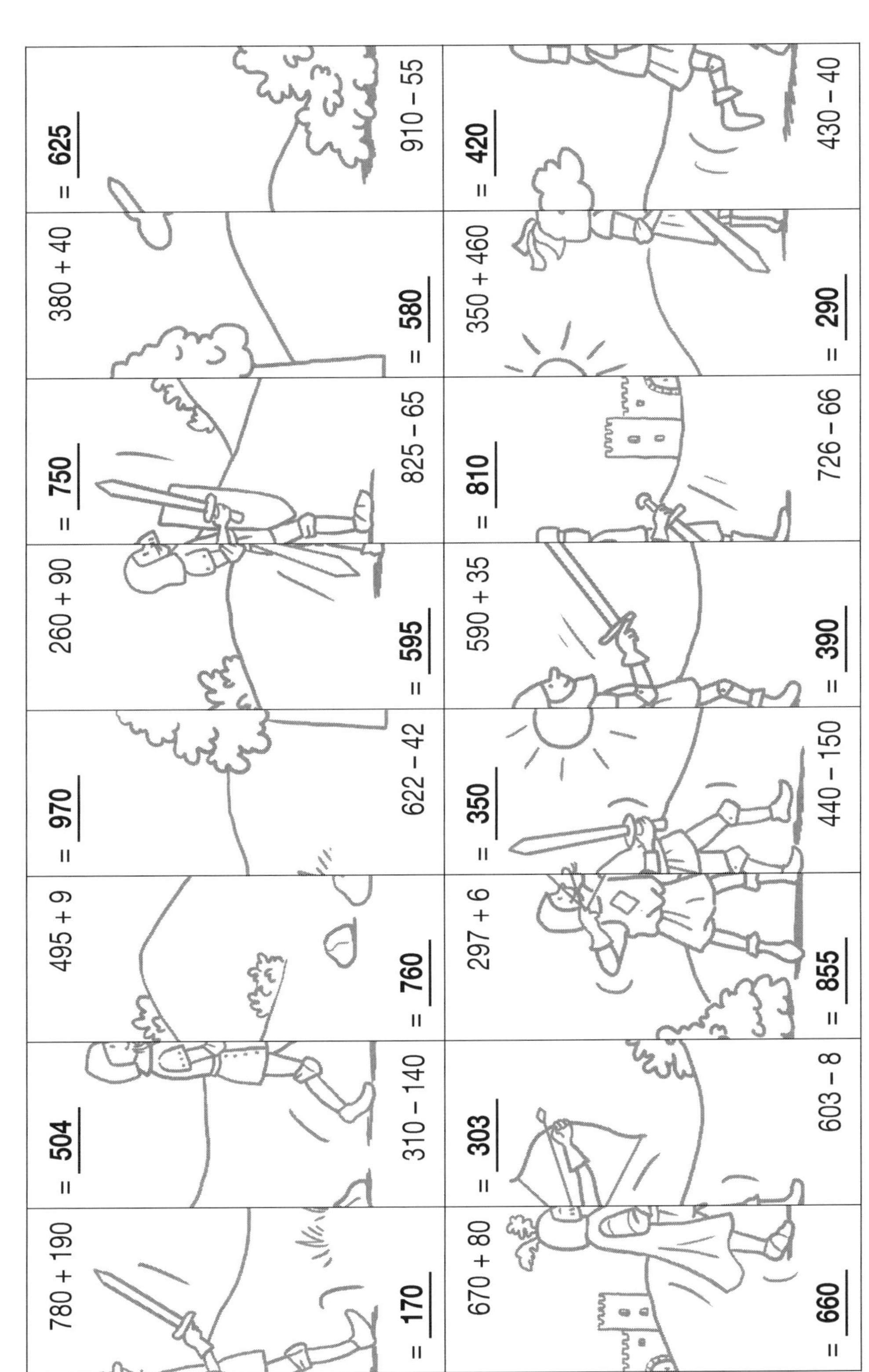

So geht's:

- Schneide die Dominoteile aus.
- Löse die Aufgabe auf einem beliebigen Dominoteil und suche die **Ergebniszahl** auf einem anderen Teil.
- Lege es an. Dort steht die nächste Aufgabe.
- **Selbstkontrolle**: Alle Dominoteile nebeneinander ergeben eine fortlaufende Reihe von Rittern.

Domino

+ und – über die Hunderter – Lösungen

2 A

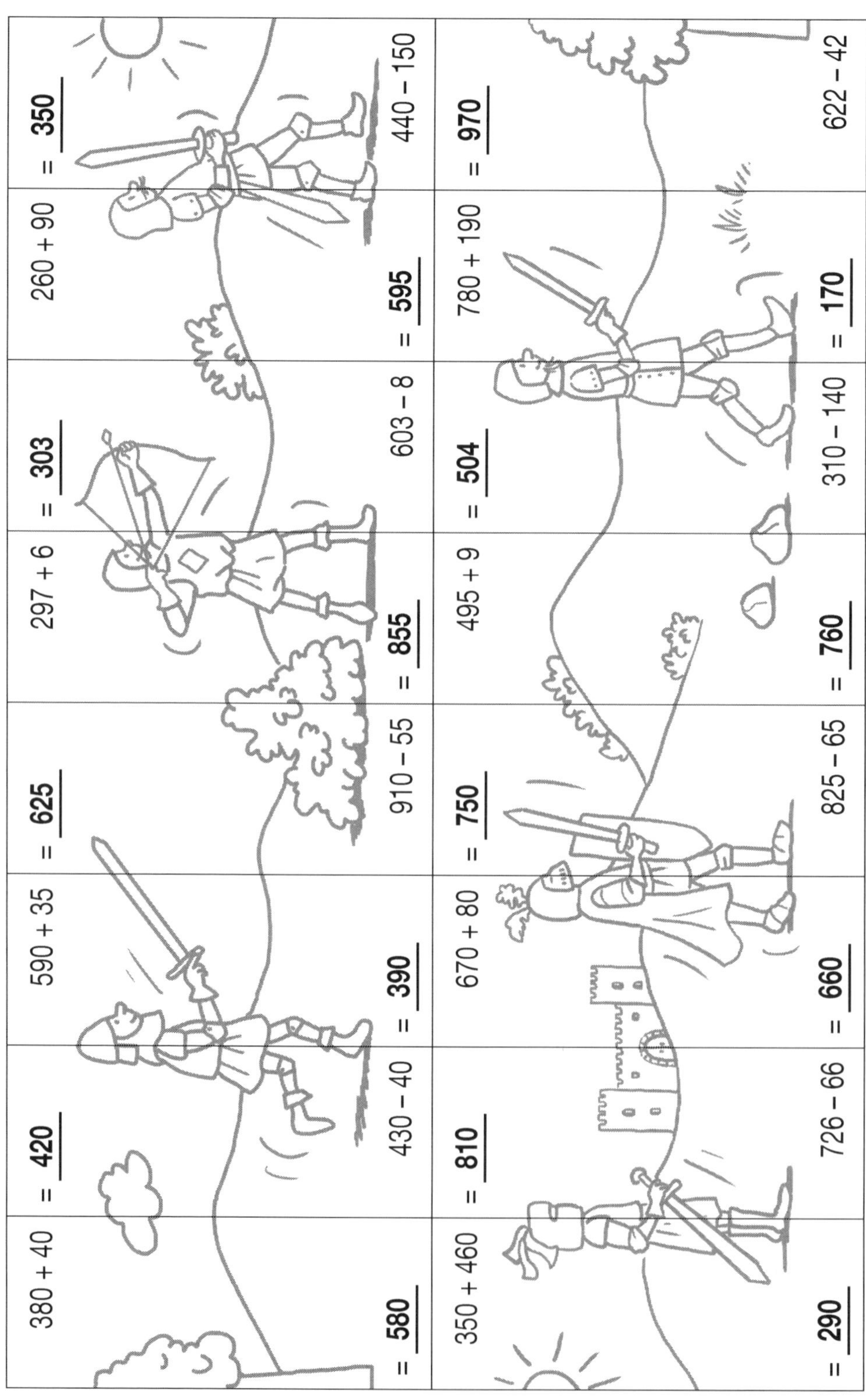

Domino

+ und – über die Hunderter

680 + 40 = **720**	910 – 80 = ____
265 + 55 = ____	615 – 40 = ____
492 + 9 = ____	335 – 85 = ____
380 + 270 = ____	423 – 63 = ____
885 + 80 = ____	816 – 70 = ____
590 + 75 = ____	540 – 75 = ____
743 + 67 = ____	705 – 8 = ____
350 + 70 = ____	422 – 43 = ____
263 + 46 = ____	650 – 55 = ____
430 + 72 = ____	840 – 90 = ____

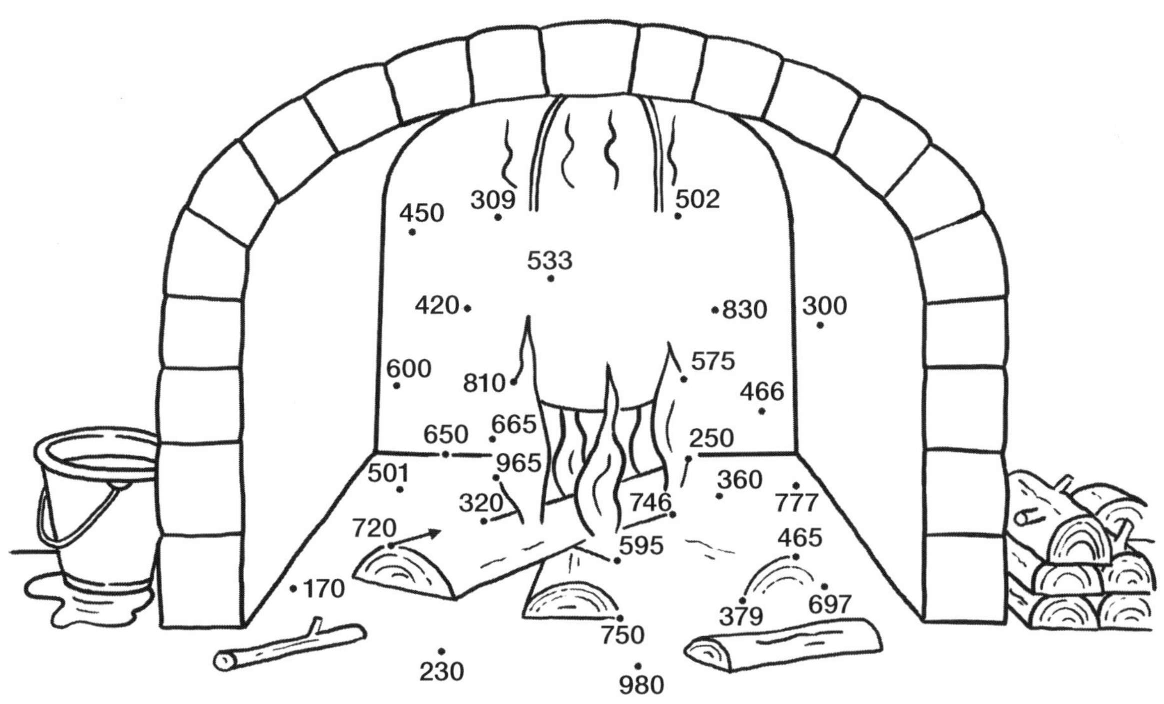

So geht's:

- Löse die Aufgaben und notiere die Ergebnisse.
- Suche die **Ergebniszahlen** im Bild und verbinde die Punkte in der Reihenfolge der Aufgaben (Lineal).
- **Selbstkontrolle:** Die verbundenen Linien ergeben ein Lösungsbild.

+ und – über die Hunderter – Lösungen

2 B

680 + 40 = **720**
265 + 55 = **320**
492 + 9 = **501**
380 + 270 = **650**
885 + 80 = **965**
590 + 75 = **665**
743 + 67 = **810**
350 + 70 = **420**
263 + 46 = **309**
430 + 72 = **502**

910 – 80 = **830**
615 – 40 = **575**
335 – 85 = **250**
423 – 63 = **360**
816 – 70 = **746**
540 – 75 = **465**
705 – 8 = **697**
422 – 43 = **379**
650 – 55 = **595**
840 – 90 = **750**

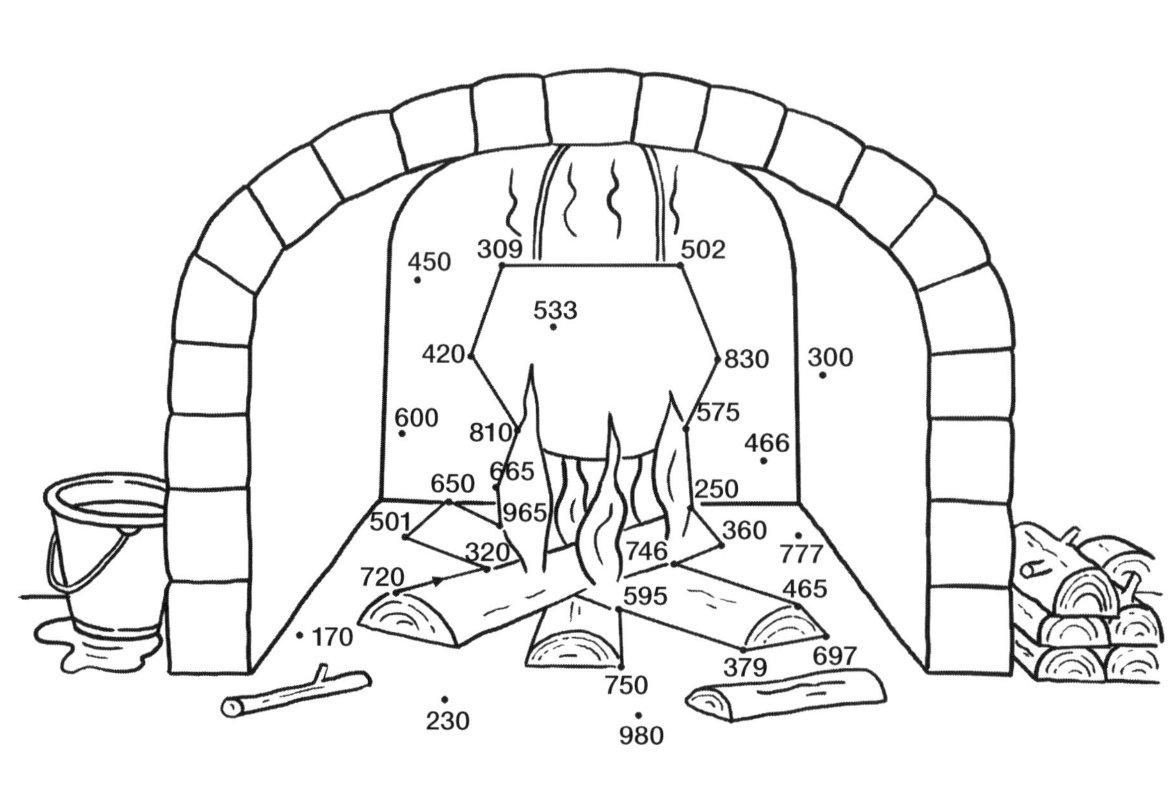

Bild aus Punkten

+ und – über die Hunderter

595 + 9 = 604	W	780 – ____ = 690	
780 + ____ = 836		550 – ____ = 470	
351 + ____ = 421		215 – ____ = 150	
____ + 899 = 969		725 – ____ = 660	
____ + 40 = 710		306 – ____ = 226	
422 + ____ = 502		626 – ____ = 570	
____ + 60 = 720		____ – 90 = 185	
576 + ____ = 609		____ – 80 = 590	
____ + 65 = 340		____ – 60 = 351	

Schlüssel:

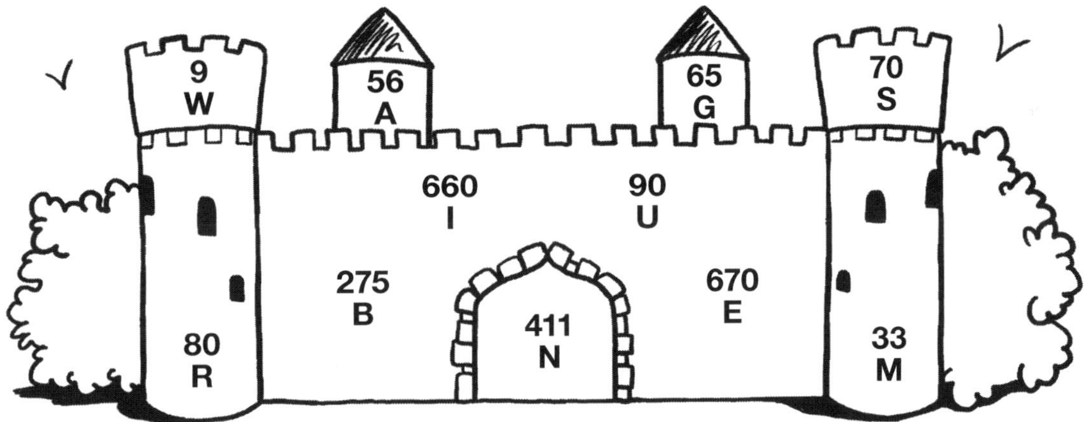

Lösung:

W																		

So geht's:

- Löse die Aufgaben und notiere die fehlenden Zahlen.
- Suche die Buchstaben zu den **von dir errechneten Zahlen** im Schlüssel.
- Trage die entsprechenden Buchstaben hinter den Aufgaben (in die Kästchen) und der Reihe nach (von oben nach unten) bei „Lösung" ein.
- **Selbstkontrolle**: Die Lösung ist eine Sicherheitsmaßnahme im Mittelalter.

Geheimschrift

+ und – über die Hunderter – Lösungen

2 C

595	+	**9**	=	604	W
780	+	**56**	=	836	A
351	+	**70**	=	421	S
70	+	899	=	969	S
670	+	40	=	710	E
422	+	**80**	=	502	R
660	+	60	=	720	I
576	+	**33**	=	609	M
275	+	65	=	340	B

780	–	**90**	=	690	U
550	–	**80**	=	470	R
215	–	**65**	=	150	G
725	–	**65**	=	660	G
306	–	**80**	=	226	R
626	–	**56**	=	570	A
275	–	90	=	185	B
670	–	80	=	590	E
411	–	60	=	351	N

Lösung:

W A S S E R  I M B U R G G R A B E N

Geheimschrift

+ und – über die Hunderter

2 D

280 + 70 – 60 = **290**
475 + 40 – 85 = ____
310 + 30 – 70 = ____
795 + 8 – 53 = ____
625 + 80 – 40 = ____
899 + 20 – 80 = ____
585 + 60 – 95 = ____
287 + 50 – 37 = ____
460 + 54 – 40 = ____
60 + 580 – 63 = ____

825 – 70 + 90 = ____
340 – 60 + 55 = ____
519 – 70 + 20 = ____
610 – 50 + 90 = ____
755 – 85 + 70 = ____
420 – 60 + 50 = ____
215 – 25 + 45 = ____
540 – 90 + 80 = ____
330 – 46 + 60 = ____
610 – 50 + 99 = ____

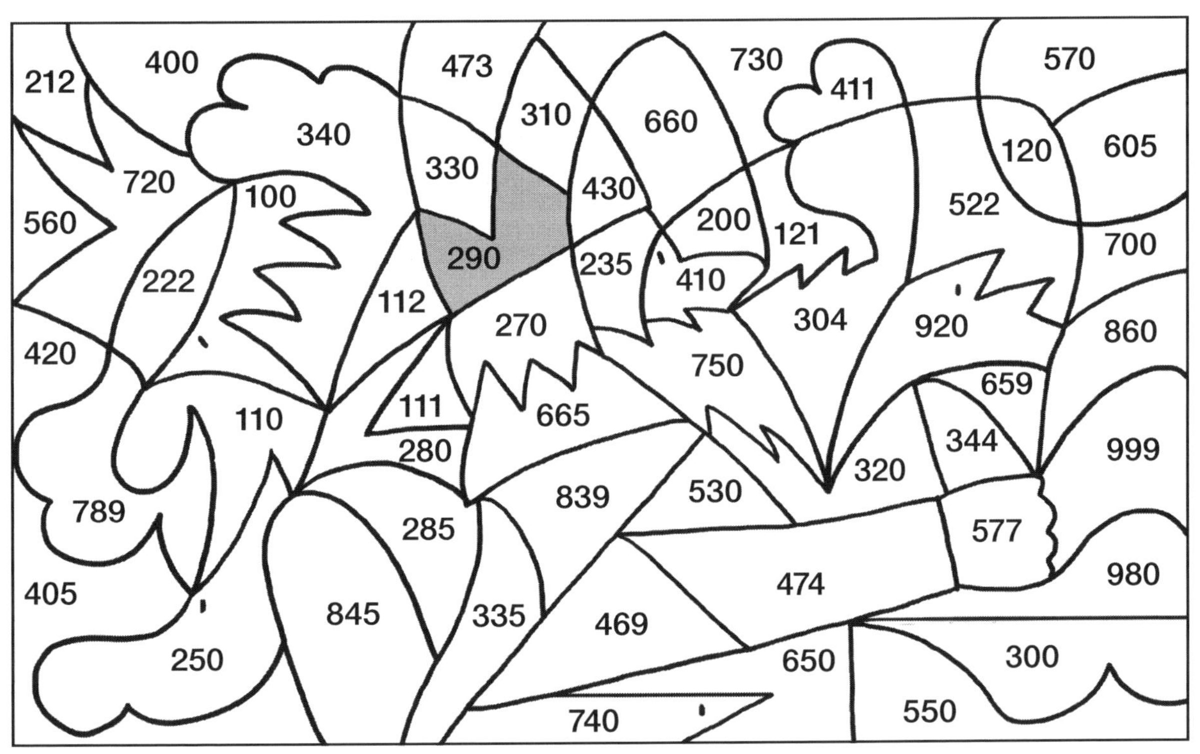

So geht's:

- Löse die Aufgaben und notiere die Ergebnisse.
- Suche die **Ergebniszahlen** im Bild und male nur diese Felder aus.
- **Selbstkontrolle**: Die ausgemalten Felder ergeben ein Lösungsbild.

Ausmalen

+ und – über die Hunderter – Lösungen

280 + 70 – 60 = **290**
475 + 40 – 85 = **430**
310 + 30 – 70 = **270**
795 + 8 – 53 = **750**
625 + 80 – 40 = **665**
899 + 20 – 80 = **839**
585 + 60 – 95 = **550**
287 + 50 – 37 = **300**
460 + 54 – 40 = **474**
60 + 580 – 63 = **577**

825 – 70 + 90 = **845**
340 – 60 + 55 = **335**
519 – 70 + 20 = **469**
610 – 50 + 90 = **650**
755 – 85 + 70 = **740**
420 – 60 + 50 = **410**
215 – 25 + 45 = **235**
540 – 90 + 80 = **530**
330 – 46 + 60 = **344**
610 – 50 + 99 = **659**

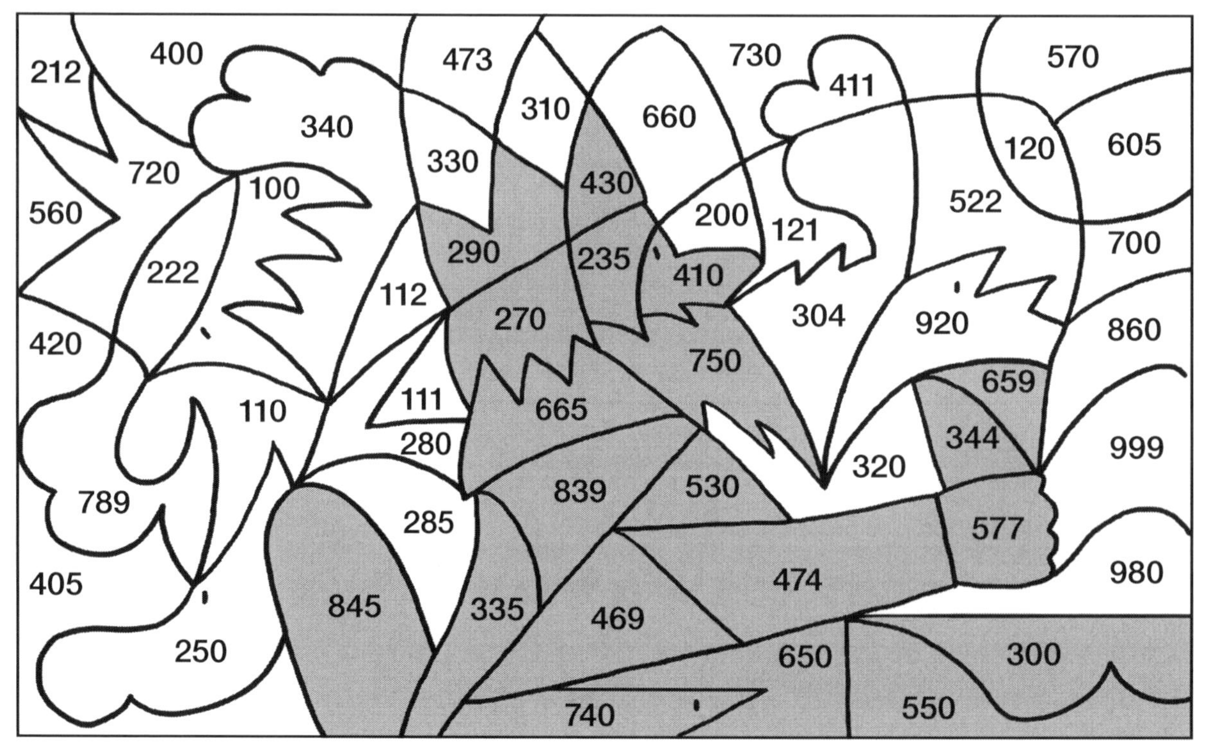

· und : mit Zehner- und Hunderterzahlen

3 A

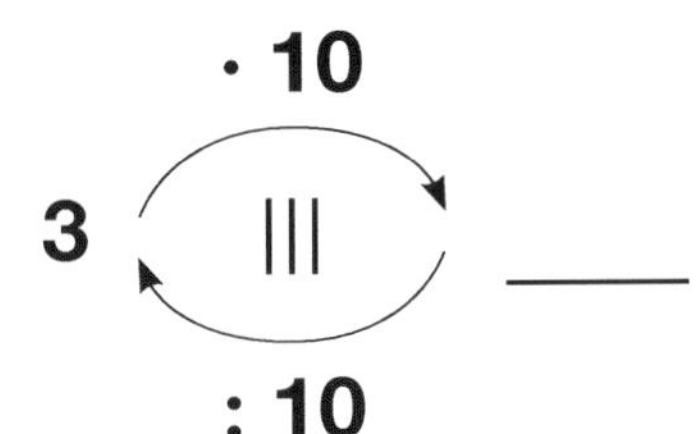

: 3

600 □□ ___

· 3

3 · 10 = 30	600 : 3 = ___
8 · 10 = ___	800 : 40 = ___
7 · 40 = ___	900 : 300 = ___
3 · 90 = ___	1 000 : 500 = ___
7 · 100 = ___	560 : 70 = ___
3 · 300 = ___	360 : 60 = ___
4 · 200 = ___	810 : 9 = ___
6 · 100 = ___	200 : 20 = ___
2 · 30 = ___	400 : 100 = ___
5 · 50 = ___	150 : 5 = ___

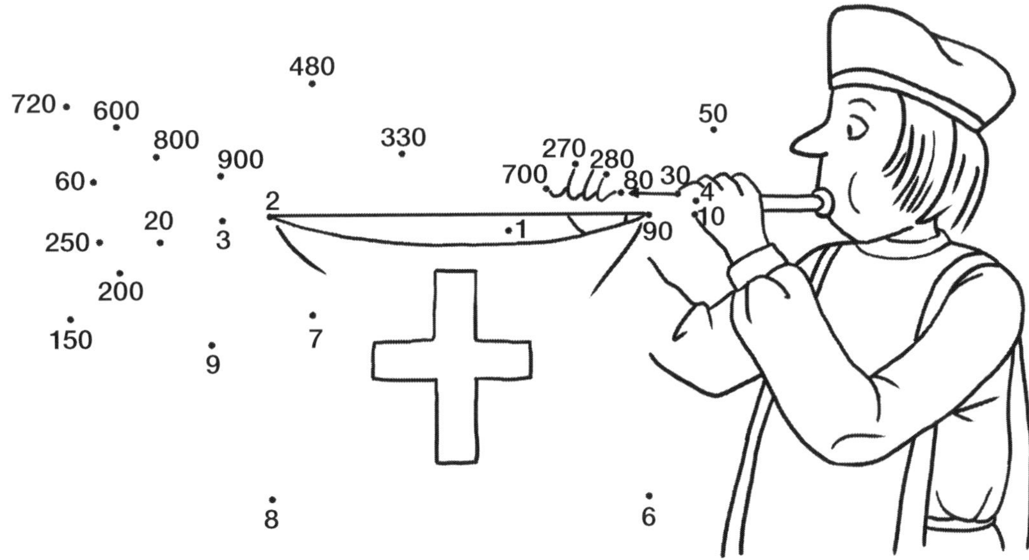

So geht's:

- Löse die Aufgaben und notiere die Ergebnisse.
- Suche die **Ergebniszahlen** im Bild und verbinde die Punkte in der Reihenfolge der Aufgaben (Lineal).
- **Selbstkontrolle:** Die verbundenen Linien ergeben ein Lösungsbild.

Bild aus Punkten

3 · 10 = **30**	600 : 3 = **200**
8 · 10 = **80**	800 : 40 = **20**
7 · 40 = **280**	900 : 300 = **3**
3 · 90 = **270**	1 000 : 500 = **2**
7 · 100 = **700**	560 : 70 = **8**
3 · 300 = **900**	360 : 60 = **6**
4 · 200 = **800**	810 : 9 = **90**
6 · 100 = **600**	200 : 20 = **10**
2 · 30 = **60**	400 : 100 = **4**
5 · 50 = **250**	150 : 5 = **30**

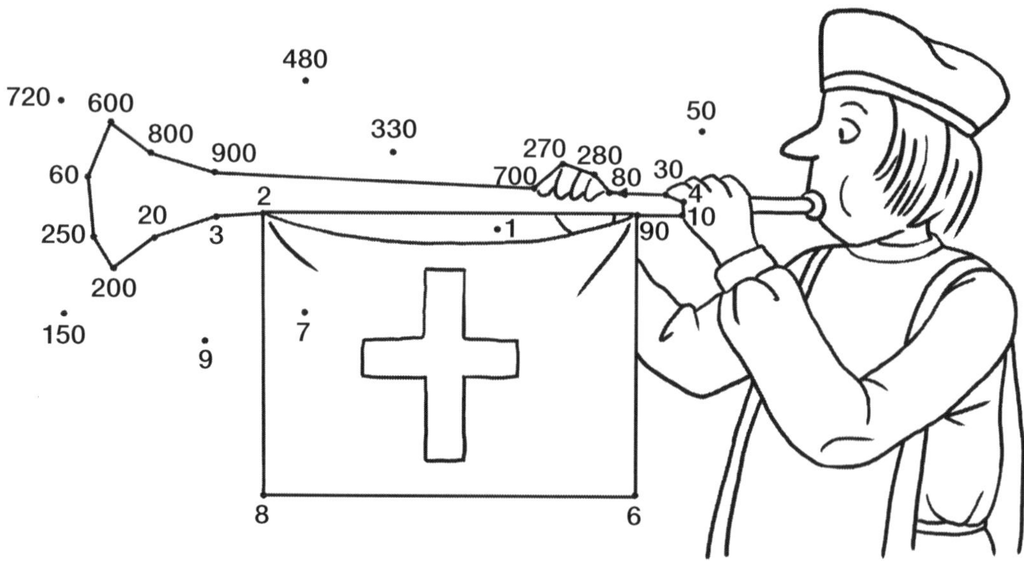

Bild aus Punkten

· und : mit Zehner- und Hunderterzahlen

3 B

3 · 40 = **120**	360 : 6 = ____
7 · 60 = ____	270 : 9 = ____
9 · 30 = ____	450 : 50 = ____
5 · 70 = ____	720 : 90 = ____
2 · 400 = ____	160 : 4 = ____
8 · 20 = ____	200 : 100 = ____
3 · 200 = ____	480 : 80 = ____
9 · 80 = ____	490 : 7 = ____
4 · 50 = ____	300 : 300 = ____
6 · 90 = ____	800 : 200 = ____

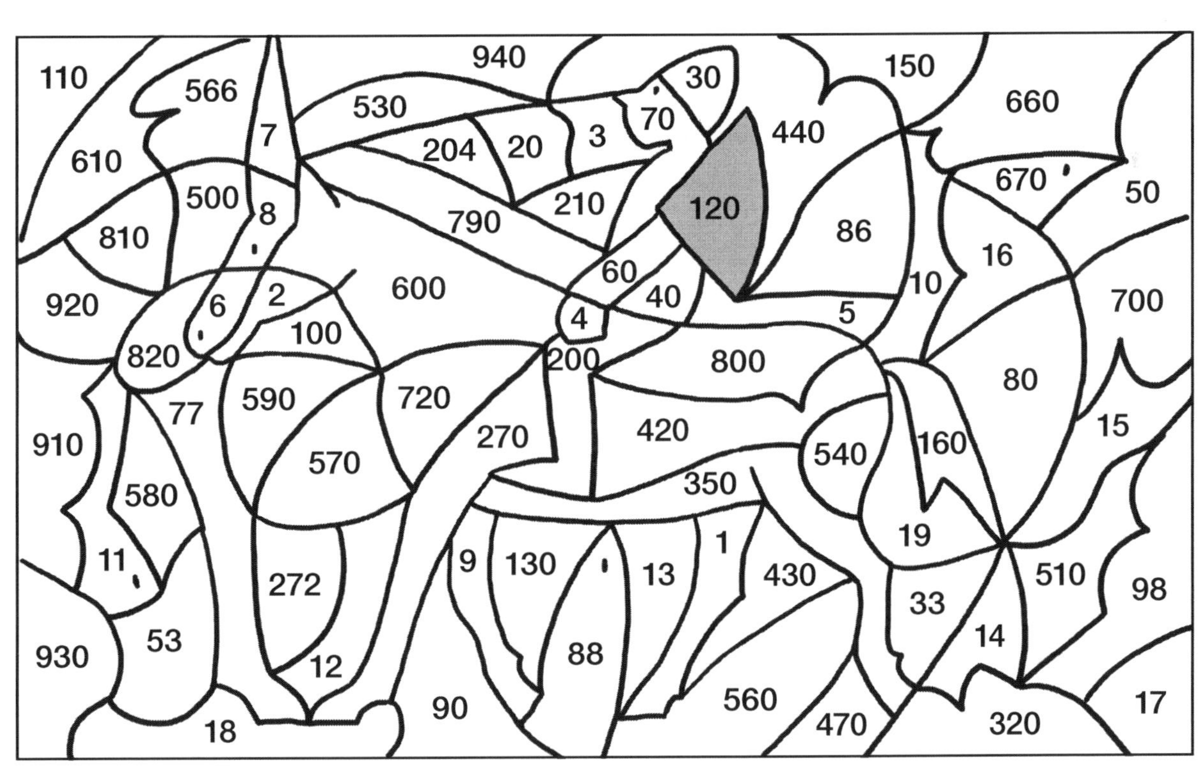

So geht's:

- Löse die Aufgaben und notiere die Ergebnisse.
- Suche die **Ergebniszahlen** im Bild und male nur diese Felder aus.
- **Selbstkontrolle**: Die ausgemalten Felder ergeben ein Lösungsbild.

Ausmalen

· und : mit Zehner- und Hunderterzahlen – Lösungen

3 · 40 = **120**	360 : 6 = **60**
7 · 60 = **420**	270 : 9 = **30**
9 · 30 = **270**	450 : 50 = **9**
5 · 70 = **350**	720 : 90 = **8**
2 · 400 = **800**	160 : 4 = **40**
8 · 20 = **160**	200 : 100 = **2**
3 · 200 = **600**	480 : 80 = **6**
9 · 80 = **720**	490 : 7 = **70**
4 · 50 = **200**	300 : 300 = **1**
6 · 90 = **540**	800 : 200 = **4**

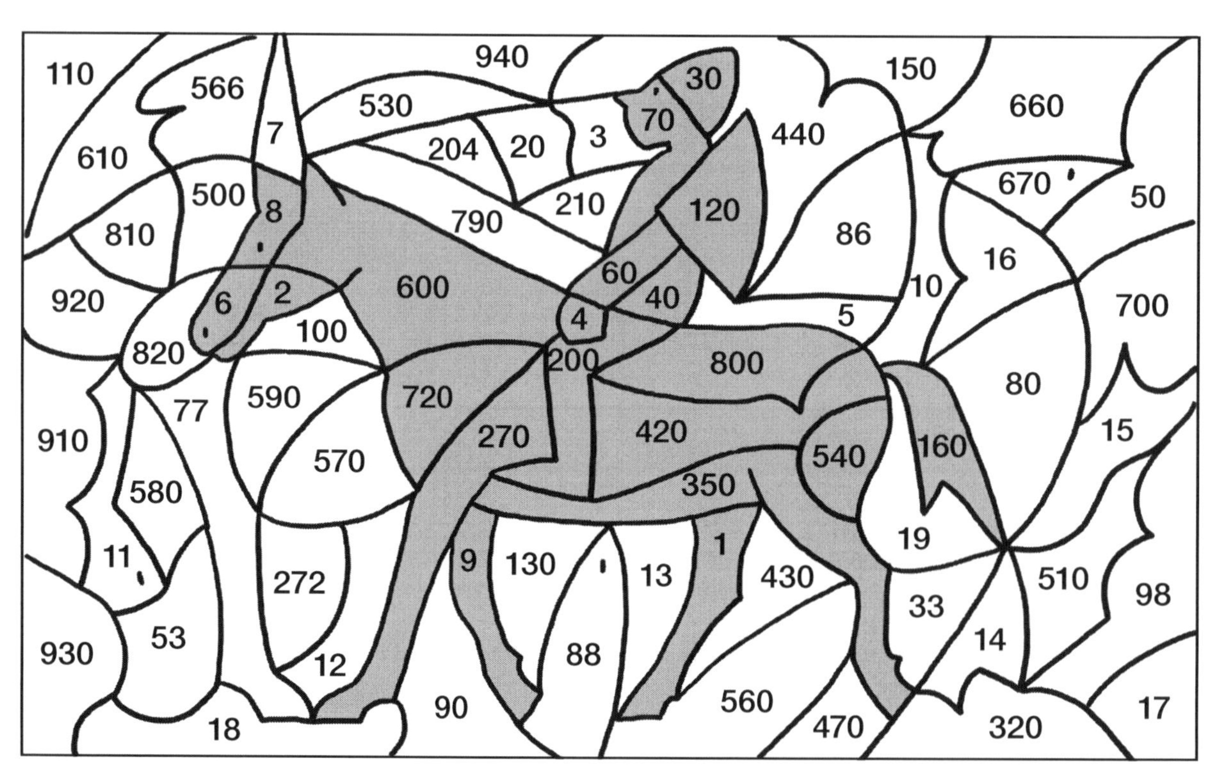

· und : mit Zehner- und Hunderterzahlen

____ : 200 = 5	____ · 200 = 800	____ · 50 = 150	____ · 70 = 490
630 : ____ = 70	40 · ____ = 200	____ : 9 = 20	90 · ____ = 540
8 · ____ = 720	____ : 60 = 9	3 · ____ = 900	____ · 3 = 240
5 · ____ = 350	160 : ____ = 4	720 : ____ = 90	____ : 70 = 7
____ · 5 = 300	____ : 7 = 40	500 : ____ = 10	600 : ____ = 300

So geht's:
- Löse die Aufgaben und notiere die fehlenden Zahlen.
- Schneide die Puzzleteile aus.
- Lege die Puzzleteile in der Reihenfolge der **von dir errechneten Zahlen** (von der kleinsten zur größten) nebeneinander, immer 4 in eine Reihe.
- **Selbstkontrolle**: Alle Teile ergeben zusammengelegt ein Lösungsbild.

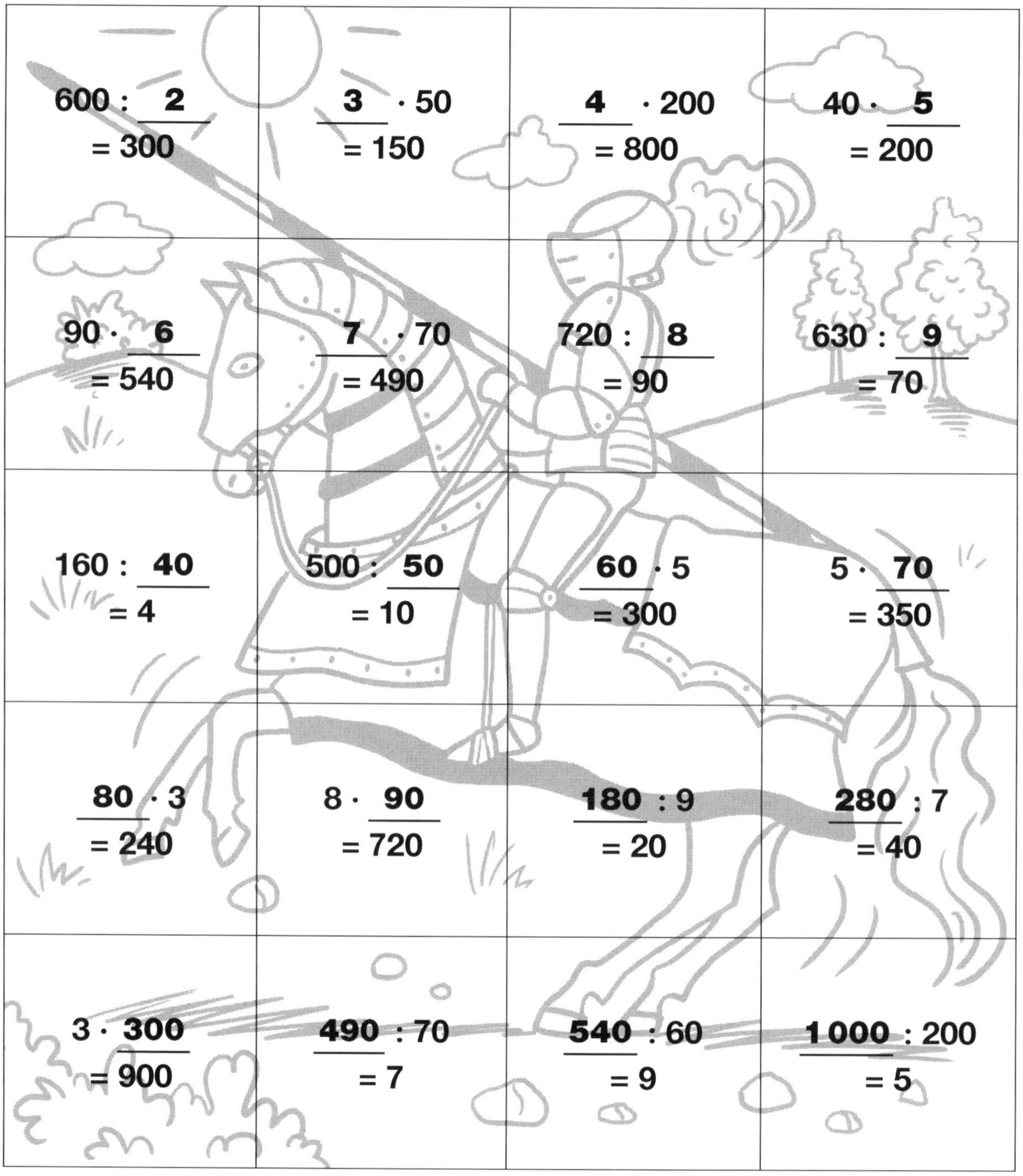

· und : mit Zehner- und Hunderterzahlen – Lösungen

3 C

600 : **2** = 300	**3** · 50 = 150	**4** · 200 = 800	40 · **5** = 200
90 · **6** = 540	**7** · 70 = 490	720 : **8** = 90	630 : **9** = 70
160 : **40** = 4	500 : **50** = 10	**60** · 5 = 300	5 · **70** = 350
80 · 3 = 240	8 · **90** = 720	**180** : 9 = 20	**280** : 7 = 40
3 · **300** = 900	**490** : 70 = 7	**540** : 60 = 9	**1000** : 200 = 5

Puzzle

· und : mit Zehner- und Hunderterzahlen

3 · 200 : 30 =	20	T	3 · 60 : 9 =		
810 : 9 · 7 =			500 · 2 : 50 =		
4 · 80 : 20 =			360 : 40 · 60 =		
90 · 6 : 60 =			200 · 2 : 5 =		
210 · 2 : 6 =			20 · 40 : 100 =		
30 · 8 : 20 =			540 : 60 · 70 =		
140 : 7 · 4 =			720 : 80 · 70 =		
7 · 70 : 7 =			200 · 4 : 20 =		

Schlüssel:

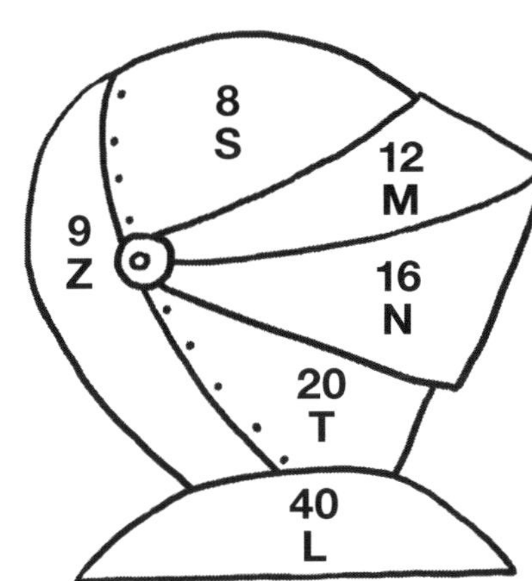

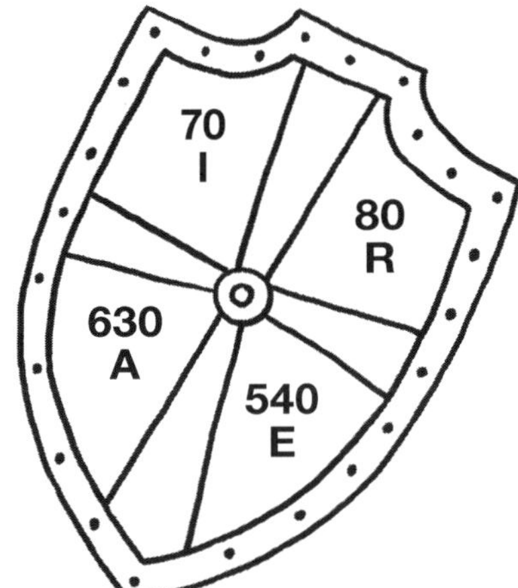

Lösung:

T																

So geht's:

- Löse die Aufgaben und notiere die Ergebnisse.
- Suche die Buchstaben zu den **Ergebniszahlen** im Schlüssel.
- Trage die entsprechenden Buchstaben hinter den Ergebnissen (in die Kästchen) und der Reihe nach (von oben nach unten) bei „Lösung" ein.
- **Selbstkontrolle**: Die Lösung verrät dir, wobei die Ritter ihren Spaß hatten.

· und : mit Zehner- und Hunderterzahlen - Lösungen

Aufgabe	Ergebnis	Buchstabe
$3 \cdot 200 : 30 =$	20	T
$810 : 9 \cdot 7 =$	630	A
$4 \cdot 80 : 20 =$	16	N
$90 \cdot 6 : 60 =$	9	Z
$210 \cdot 2 : 6 =$	70	I
$30 \cdot 8 : 20 =$	12	M
$140 : 7 \cdot 4 =$	80	R
$7 \cdot 70 : 7 =$	70	I

Aufgabe	Ergebnis	Buchstabe
$3 \cdot 60 : 9 =$	20	T
$500 \cdot 2 : 50 =$	20	T
$360 : 40 \cdot 60 =$	540	E
$200 \cdot 2 : 5 =$	80	R
$20 \cdot 40 : 100 =$	8	S
$540 : 60 \cdot 70 =$	630	A
$720 : 80 \cdot 70 =$	630	A
$200 \cdot 4 : 20 =$	40	L

Lösung:

T A N Z   I M   R I T T E R S A A L

Schriftliche Addition ohne Übertrag

4 A

347 + 132 = ____

Halbschriftlich:

300 + 100 = **400**
40 + 30 = **70**
7 + 2 = **9**
400 + 70 + 9 = **479**

Schriftlich:

Beginne mit den Einern!
7E + 2E = **9E**
4Z + 3Z = **7Z**
3H + 1H = **4H**

Schreibe:

	H	Z	E
	3	4	7
+	1	3	2
	4	**7**	**9**

1

	H	Z	E
	3	4	7
+	1	3	2
	4	**7**	**9**

2

	H	Z	E
	1	2	3
+	3	2	1

3

	H	Z	E
	2	9	4
+	2	0	5

4

	H	Z	E
	5	1	2
+	2	4	6

5

	H	Z	E
	1	5	4
+	6	1	1

6

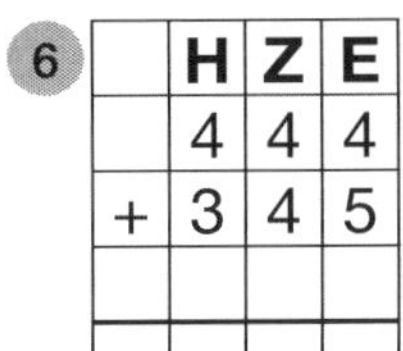

	H	Z	E
	4	4	4
+	3	4	5

7

	H	Z	E
	4	9	5
+	3	0	3

8

	H	Z	E
	3	7	4
+	4	2	1

9

	H	Z	E
	6	0	4
+	2	0	5

10

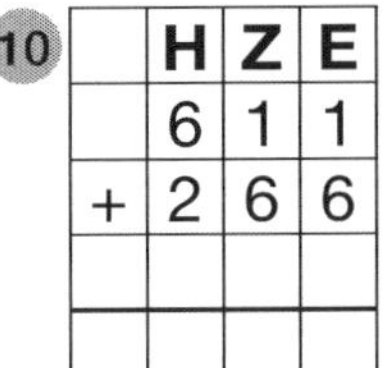

	H	Z	E
	6	1	1
+	2	6	6

11

	H	Z	E
	2	4	4
+	6	3	4

12

	H	Z	E
	6	0	8
+	2	8	1

13

	H	Z	E
	5	4	3
+	3	4	5

14

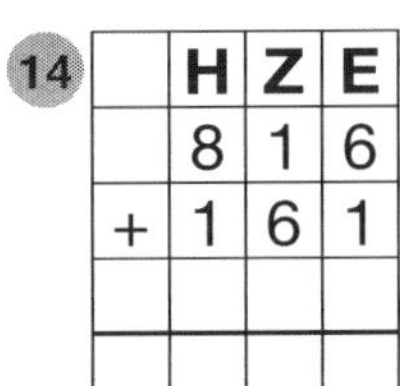

	H	Z	E
	8	1	6
+	1	6	1

15

	H	Z	E
	8	0	8
+	1	8	1

16

	H	Z	E
	7	8	3
+	2	1	5

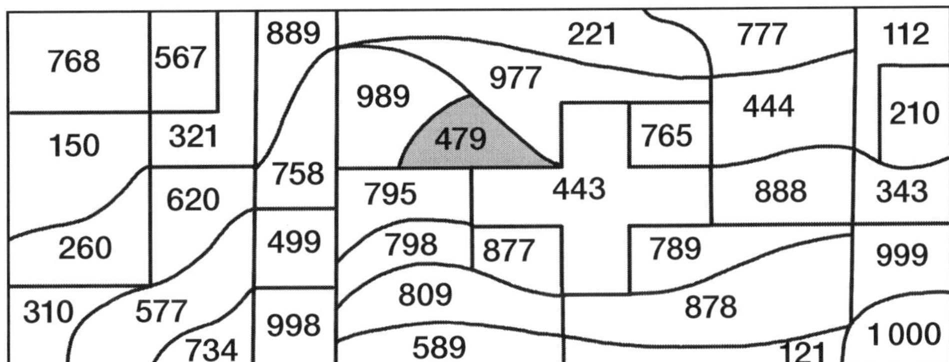

So geht's:

- Löse die Aufgaben und notiere die Ergebnisse.
- Suche die **Ergebniszahlen** im Bild und male nur diese Felder aus.
- **Selbstkontrolle**: Die ausgemalten Felder ergeben ein Lösungsbild.

Ausmalen

Schriftliche Addition ohne Übertrag – Lösungen

1

	H	Z	E
	3	4	7
+	1	3	2
	4	**7**	**9**

2

	H	Z	E
	1	2	3
+	3	2	1
	4	**4**	**4**

3

	H	Z	E
	2	9	4
+	2	0	5
	4	**9**	**9**

4

	H	Z	E
	5	1	2
+	2	4	6
	7	**5**	**8**

5

	H	Z	E
	1	5	4
+	6	1	1
	7	**6**	**5**

6

	H	Z	E
	4	4	4
+	3	4	5
	7	**8**	**9**

7

	H	Z	E
	4	9	5
+	3	0	3
	7	**9**	**8**

8

	H	Z	E
	3	7	4
+	4	2	1
	7	**9**	**5**

9

	H	Z	E
	6	0	4
+	2	0	5
	8	**0**	**9**

10

	H	Z	E
	6	1	1
+	2	6	6
	8	**7**	**7**

11

	H	Z	E
	2	4	4
+	6	3	4
	8	**7**	**8**

12

	H	Z	E
	6	0	8
+	2	8	1
	8	**8**	**9**

13

	H	Z	E
	5	4	3
+	3	4	5
	8	**8**	**8**

14

	H	Z	E
	8	1	6
+	1	6	1
	9	**7**	**7**

15

	H	Z	E
	8	0	8
+	1	8	1
	9	**8**	**9**

16

	H	Z	E
	7	8	3
+	2	1	5
	9	**9**	**8**

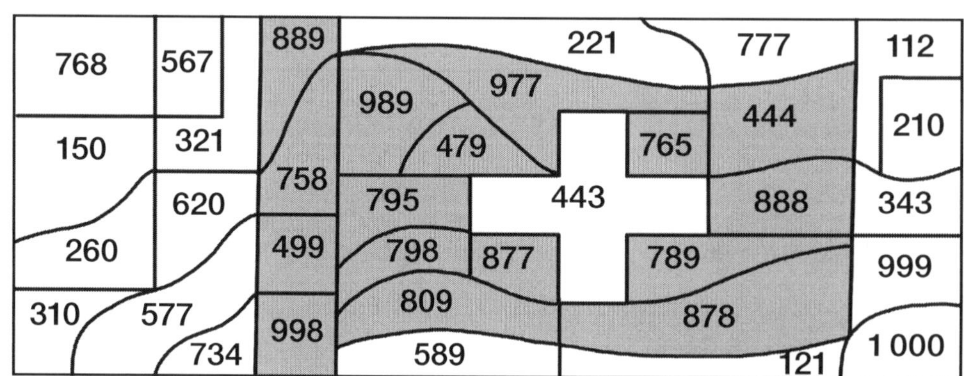

Ausmalen

Schriftliche Addition ohne Übertrag

720 + 134	713 + 276	965 + 14	46 + 930
815 + 180	813 + 145	876 + 23	623 + 264
432 + 234	555 + 444	601 + 201	641 + 344
67 + 630	501 + 372	196 + 602	320 + 641
912 + 65	217 + 681	191 + 404	301 + 493

So geht's:
- Löse die Aufgaben und notiere die Ergebnisse.
- Schneide die Puzzleteile aus.
- Lege die Puzzleteile in der Reihenfolge der **von dir errechneten Zahlen** (von der kleinsten zur größten) nebeneinander, immer 4 in eine Reihe.
- **Selbstkontrolle:** Alle Teile ergeben zusammengelegt ein Lösungsbild.

Schriftliche Addition ohne Übertrag – Lösungen

4 B

191 + 404 **595**	432 + 234 **666**	67 + 630 **697**	301 + 493 **794**
196 + 602 **798**	601 + 201 **802**	720 + 134 **854**	501 + 372 **873**
623 + 264 **887**	217 + 681 **898**	876 + 23 **899**	813 + 145 **958**
320 + 641 **961**	46 + 930 **976**	912 + 65 **977**	965 + 14 **979**
641 + 344 **985**	713 + 276 **989**	815 + 180 **995**	555 + 444 **999**

Puzzle

Schriftliche Addition ohne Übertrag

1. 233 + 62 + 303 = **598**
2. 418 + 81 + 200 = ____
3. 654 + 43 + 102 = ____
4. 51 + 502 + 222 = ____
5. 512 + 146 + 221 = ____
6. 362 + 214 + 313 = ____
7. 234 + 311 + 434 = ____
8. 35 + 350 + 303 = ____
9. 62 + 111 + 414 = ____
10. 41 + 424 + 34 = ____
11. 33 + 400 + 45 = ____
12. 125 + 211 + 162 = ____

1

	H	Z	E
	2	3	3
		6	2
+	3	0	3
	5	**9**	**8**

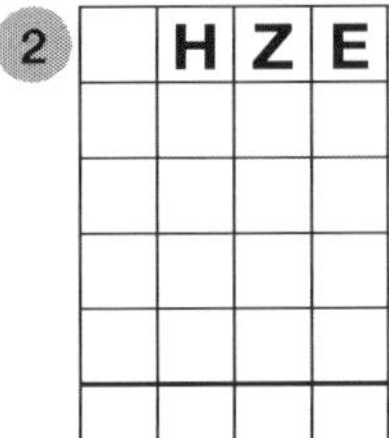

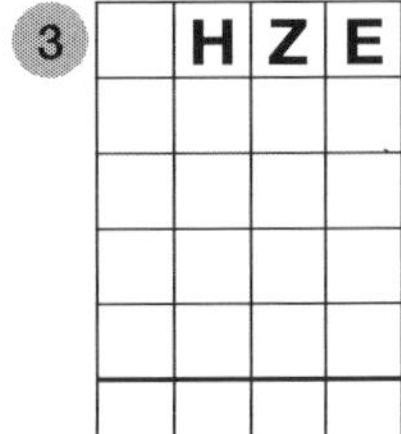

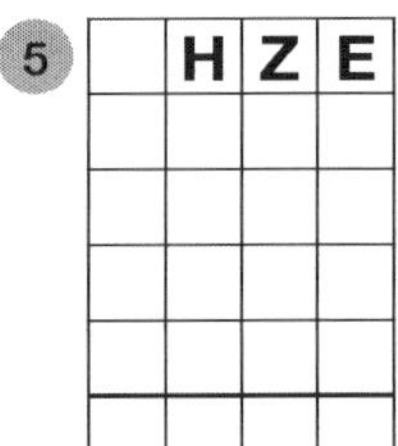

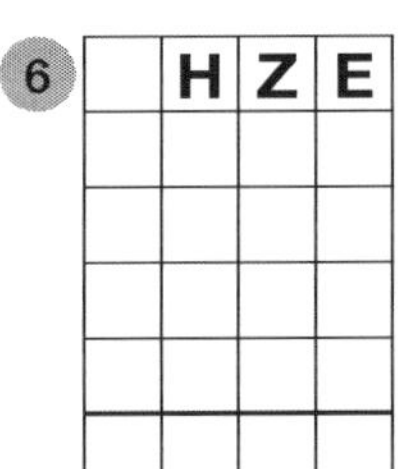

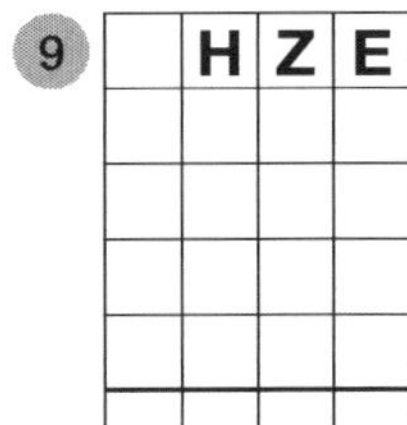

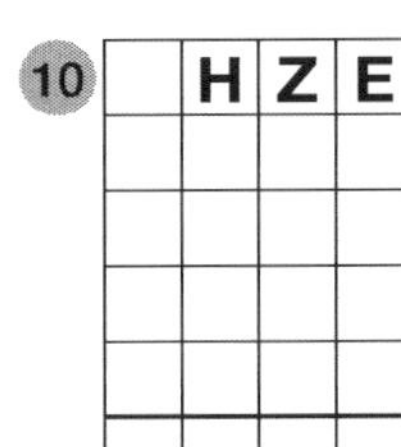

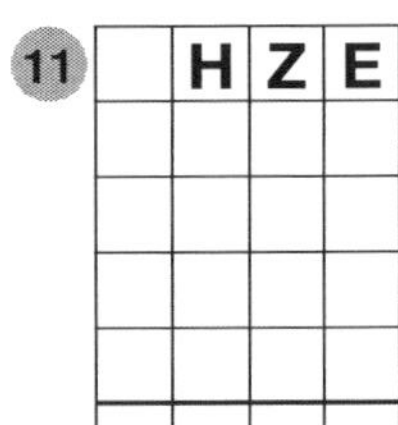

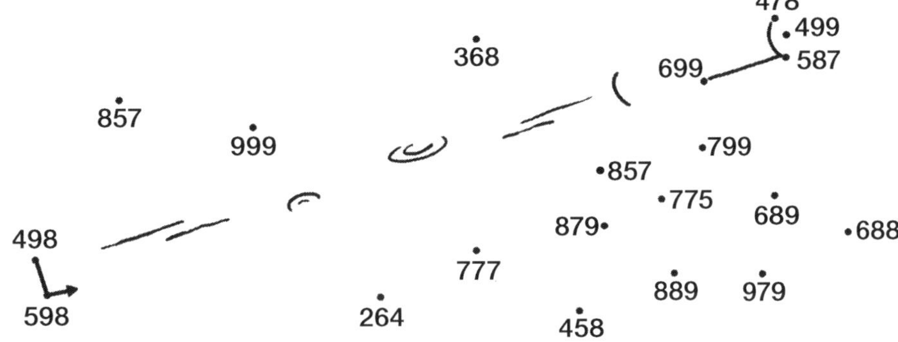

So geht's:

- Schreibe die Aufgaben untereinander. Löse sie und notiere die Ergebnisse.
- Suche die **Ergebniszahlen** im Bild und verbinde die Punkte in der Reihenfolge der Aufgaben (Lineal).
- **Selbstkontrolle:** Die verbundenen Linien ergeben ein Lösungsbild.

Schriftliche Addition ohne Übertrag – Lösungen

4 C

1	233 + 62 + 303 = **598**	7	234 + 311 + 434 = **979**
2	418 + 81 + 200 = **699**	8	35 + 350 + 303 = **688**
3	654 + 43 + 102 = **799**	9	62 + 111 + 414 = **587**
4	51 + 502 + 222 = **775**	10	41 + 424 + 34 = **499**
5	512 + 146 + 221 = **879**	11	33 + 400 + 45 = **478**
6	362 + 214 + 313 = **889**	12	125 + 211 + 162 = **498**

1

	H	Z	E
	2	3	3
		6	2
+	3	0	3
	5	**9**	**8**

2

	H	Z	E
	4	1	8
		8	1
+	2	0	0
	6	**9**	**9**

3

	H	Z	E
	6	5	4
		4	3
+	1	0	2
	7	**9**	**9**

4

	H	Z	E
		5	1
	5	0	2
+	2	2	2
	7	**7**	**5**

5

	H	Z	E
	5	1	2
	1	4	6
+	2	2	1
	8	**7**	**9**

6

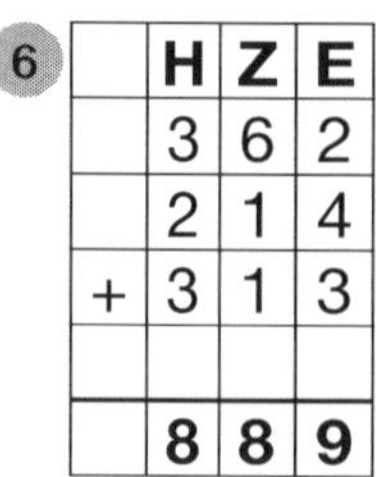

	H	Z	E
	3	6	2
	2	1	4
+	3	1	3
	8	**8**	**9**

7

	H	Z	E
	2	3	4
	3	1	1
+	4	3	4
	9	**7**	**9**

8

	H	Z	E
		3	5
	3	5	0
+	3	0	3
	6	**8**	**8**

9

	H	Z	E
		6	2
	1	1	1
+	4	1	4
	5	**8**	**7**

10

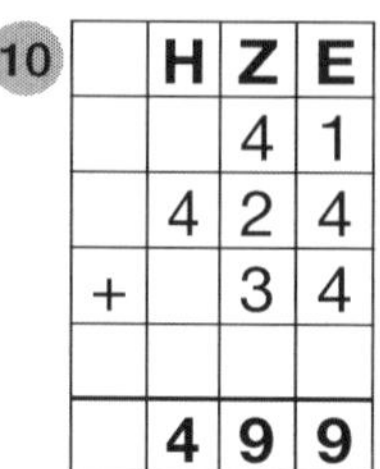

	H	Z	E
		4	1
	4	2	4
+		3	4
	4	**9**	**9**

11

	H	Z	E
		3	3
	4	0	0
+		4	5
	4	**7**	**8**

12

	H	Z	E
	1	2	5
	2	1	1
+	1	6	2
	4	**9**	**8**

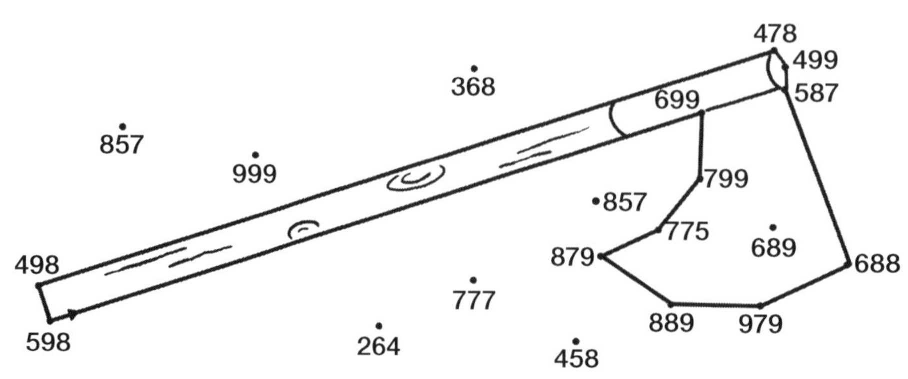

Bild aus Punkten

Schriftliche Addition ohne Übertrag

4 D

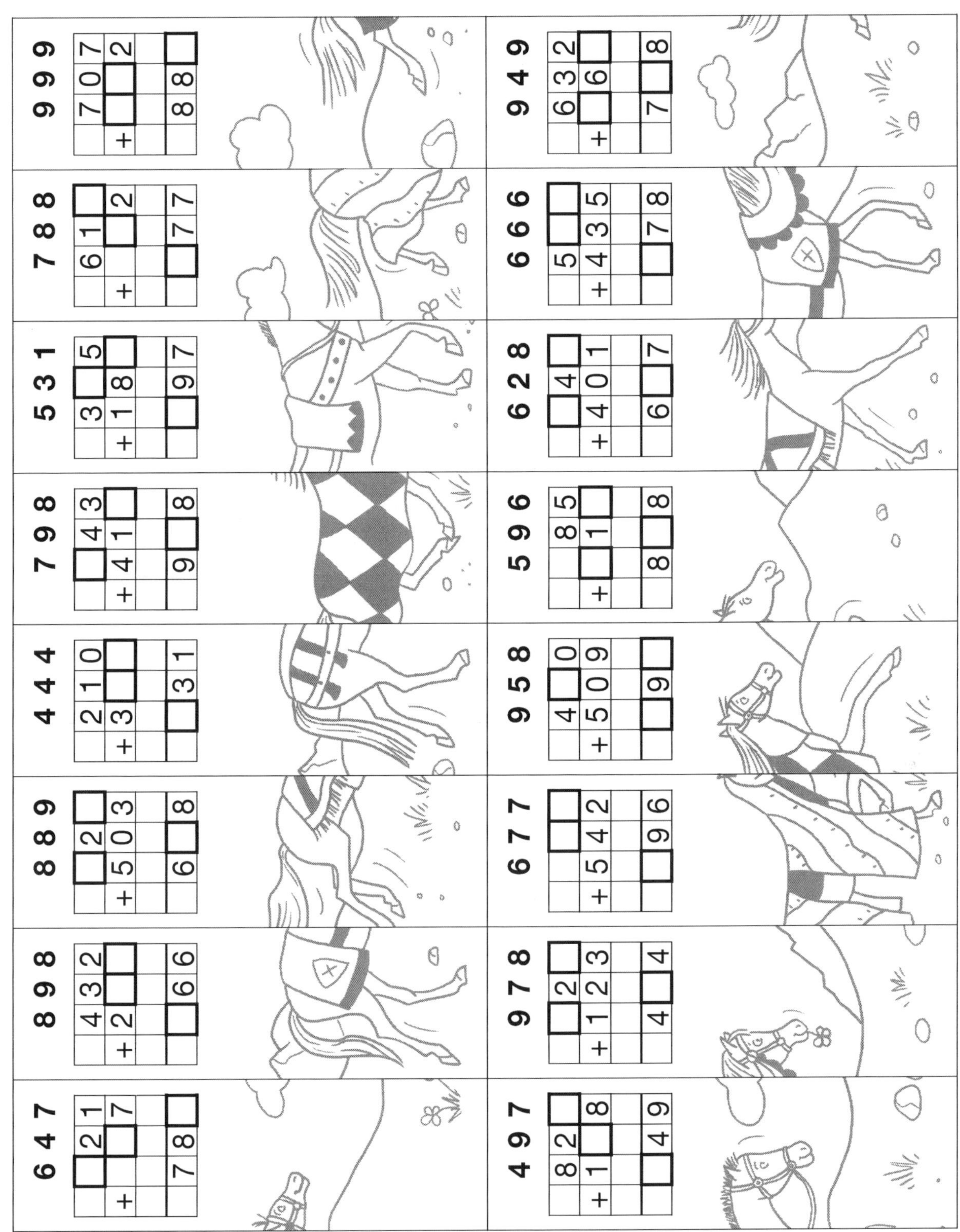

So geht's:

- Schneide die Dominoteile aus.
- Löse die Aufgabe auf einem beliebigen Dominoteil und suche die **Ergebniszahl** auf einem anderen Teil.
- Lege es an. Dort steht die nächste Aufgabe.
- **Selbstkontrolle:** Alle Dominoteile nebeneinander ergeben eine fortlaufende Reihe von galoppierenden Pferden.

Domino

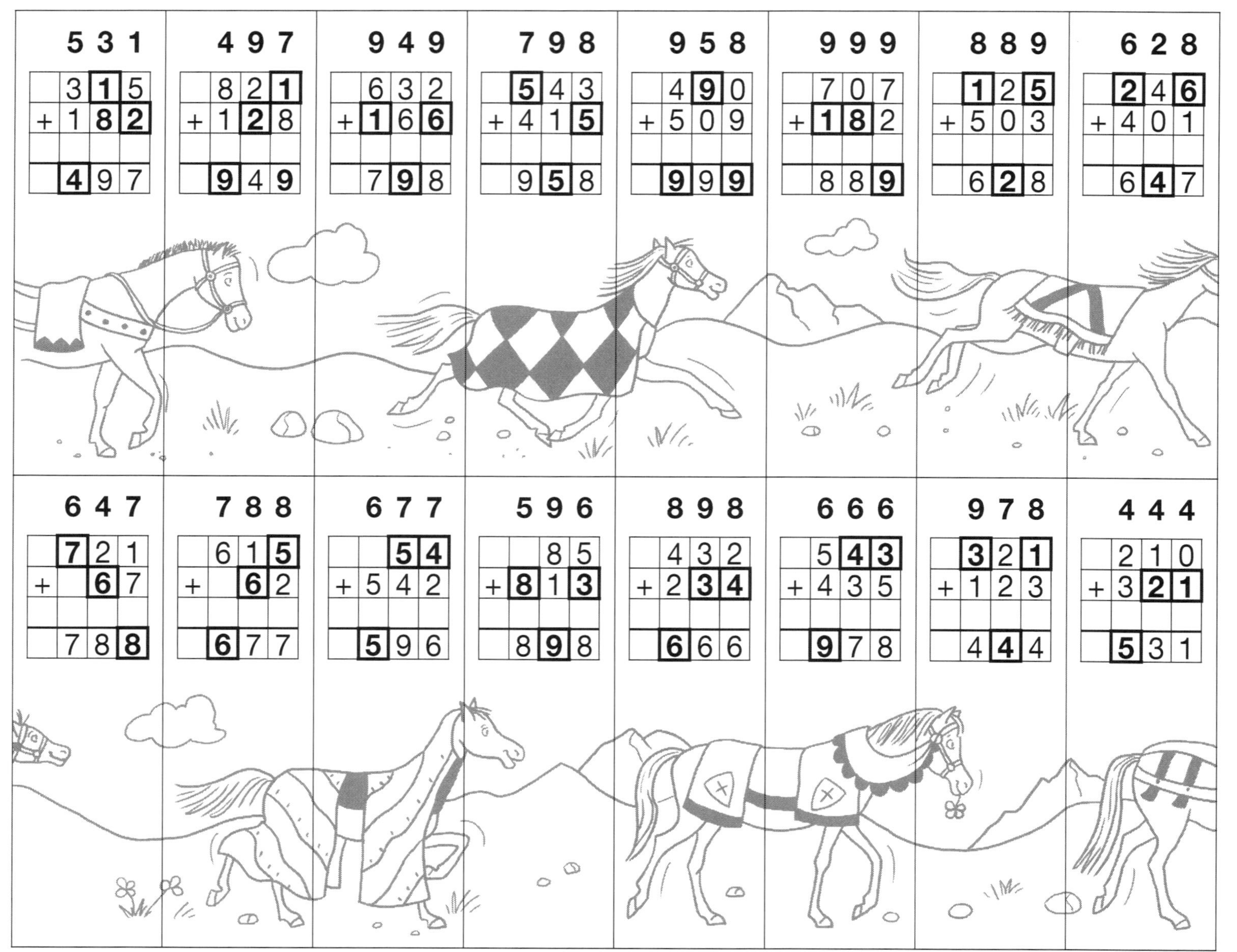
531
315 + 182 = 497
497
821 + 128 = 949
949
632 + 166 = 798
798
543 + 415 = 958
958
490 + 509 = 999
999
707 + 182 = 889
889
125 + 503 = 628
628
246 + 401 = 647
647
721 + 67 = 788
788
615 + 62 = 677
677
54 + 542 = 596
596
85 + 813 = 898
898
432 + 234 = 666
666
543 + 435 = 978
978
321 + 123 = 444
444
210 + 321 = 531

Domino

Schriftliche Addition mit Übertrag

5 A

327 + 265 = ____

Halbschriftlich:

300 + 200 = **500**
20 + 60 = **80**
7 + 5 = **12**
500 + 80 + 12 = **592**

Schriftlich:

Beginne mit den Einern!
7E + 5E = **12E**
2E hin, 1Z dazu
2Z + 6Z + 1Z = **9Z**
3H + 2H = **5H**

Schreibe:

	H	Z	E
	3	2	7
+	2	6	5
		1	
	5	**9**	**2**

1

	H	Z	E
	3	2	7
+	2	6	5
		1	
	5	**9**	**2**

2

	H	Z	E
	4	5	8
+	1	2	3

3

	H	Z	E
	3	6	4
+	1	2	9

4

	H	Z	E
	1	3	9
+	4	3	5

5

	H	Z	E
	2	8	5
+	4	4	4

6

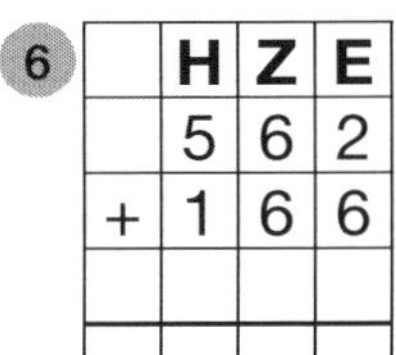

	H	Z	E
	5	6	2
+	1	6	6

7

	H	Z	E
	4	7	7
+	2	7	1

8

	H	Z	E
	1	8	4
+	5	5	2

9

	H	Z	E
	4	2	7
+	4	5	3

10

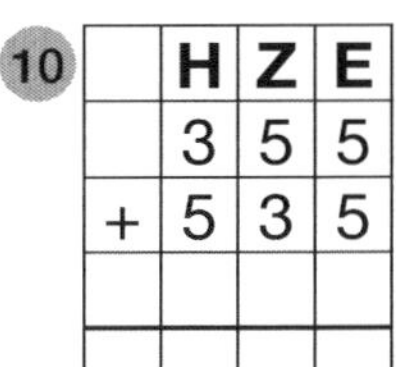

	H	Z	E
	3	5	5
+	5	3	5

11

	H	Z	E
	2	0	3
+	6	5	7

12

	H	Z	E
	5	6	8
+	3	0	2

13

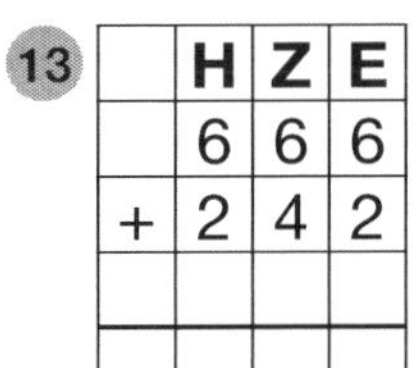

	H	Z	E
	6	6	6
+	2	4	2

14

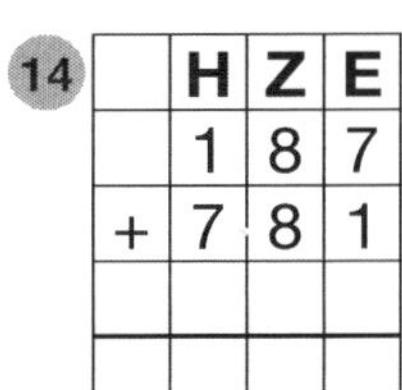

	H	Z	E
	1	8	7
+	7	8	1

15

	H	Z	E
	1	7	8
+	8	1	8

16

	H	Z	E
	5	1	0
+	3	9	9

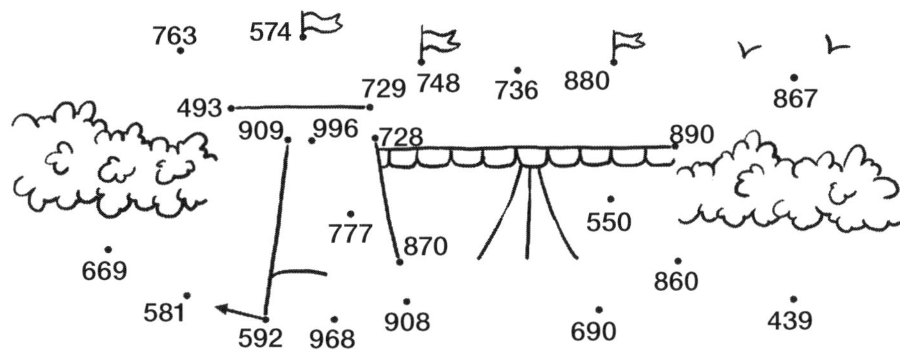

So geht's:

- Löse die Aufgaben und notiere die Ergebnisse.
- Suche die **Ergebniszahlen** im Bild und verbinde die Punkte in der Reihenfolge der Aufgaben (Lineal).
- **Selbstkontrolle:** Die verbundenen Linien ergeben ein Lösungsbild.

Bild aus Punkten

Schriftliche Addition mit Übertrag – Lösungen

5 A

1

	H	Z	E
	3	2	7
+	2	6	5
		1	
	5	**9**	**2**

2

	H	Z	E
	4	5	8
+	1	2	3
		1	
	5	**8**	**1**

3

	H	Z	E
	3	6	4
+	1	2	9
		1	
	4	**9**	**3**

4

	H	Z	E
	1	3	9
+	4	3	5
		1	
	5	**7**	**4**

5

	H	Z	E
	2	8	5
+	4	4	4
	1		
	7	**2**	**9**

6

	H	Z	E
	5	6	2
+	1	6	6
	1		
	7	**2**	**8**

7

	H	Z	E
	4	7	7
+	2	7	1
	1		
	7	**4**	**8**

8

	H	Z	E
	1	8	4
+	5	5	2
	1		
	7	**3**	**6**

9

	H	Z	E
	4	2	7
+	4	5	3
		1	
	8	**8**	**0**

10

	H	Z	E
	3	5	5
+	5	3	5
		1	
	8	**9**	**0**

11

	H	Z	E
	2	0	3
+	6	5	7
		1	
	8	**6**	**0**

12

	H	Z	E
	5	6	8
+	3	0	2
		1	
	8	**7**	**0**

13

	H	Z	E
	6	6	6
+	2	4	2
	1		
	9	**0**	**8**

14

	H	Z	E
	1	8	7
+	7	8	1
	1		
	9	**6**	**8**

15

	H	Z	E
	1	7	8
+	8	1	8
		1	
	9	**9**	**6**

16

	H	Z	E
	5	1	0
+	3	9	9
	1		
	9	**0**	**9**

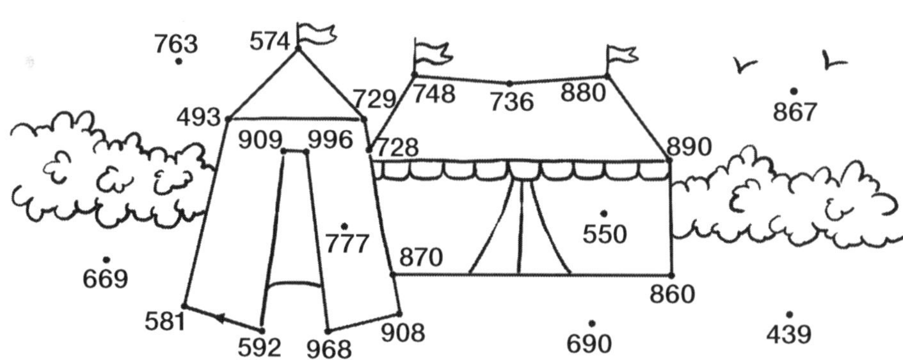

Bild aus Punkten

Schriftliche Addition mit Übertrag

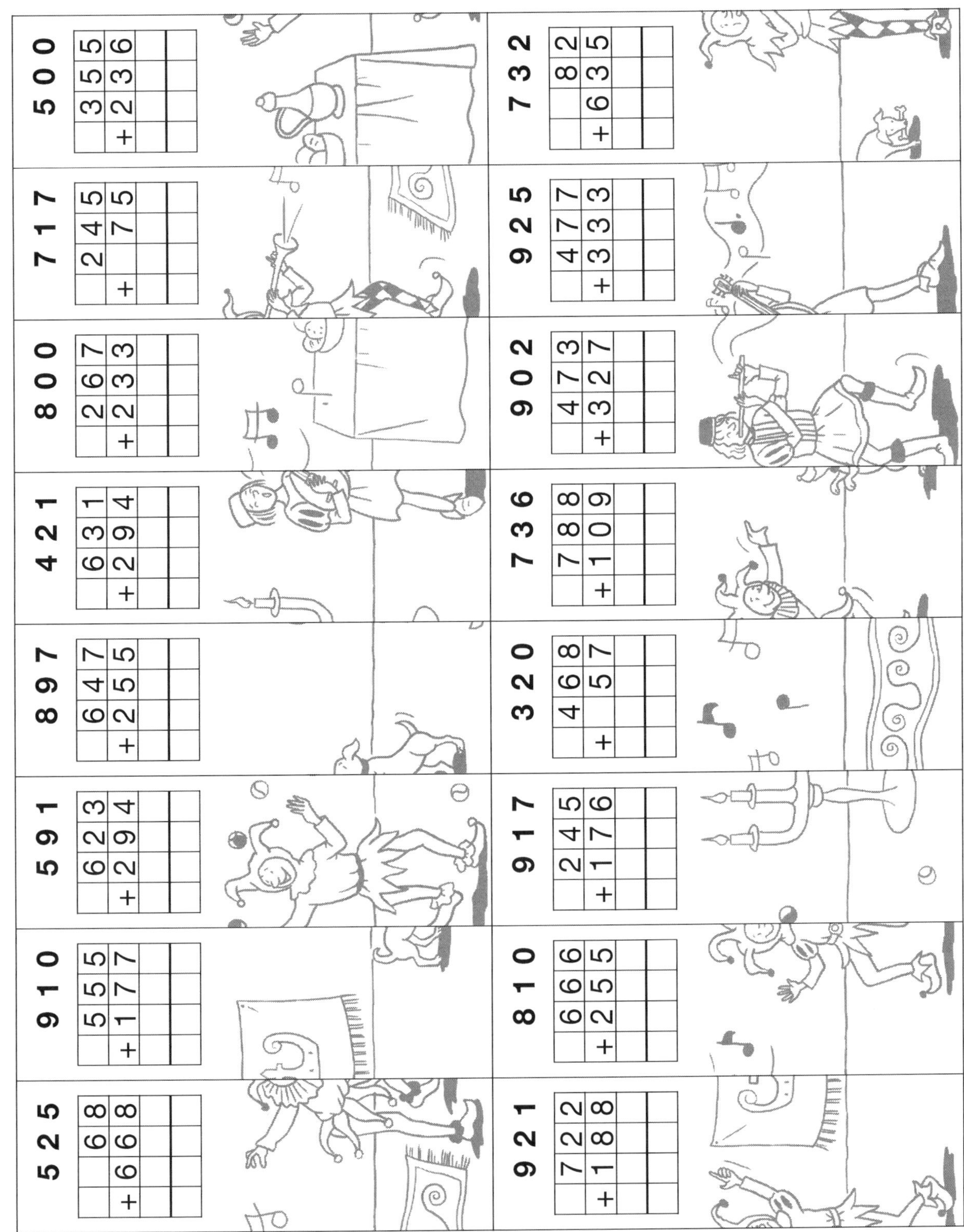

So geht's:

- Schneide die Dominoteile aus.
- Löse die Aufgabe auf einem beliebigen Dominoteil und suche die **Ergebniszahl** auf einem anderen Teil.
- Lege es an. Dort steht die nächste Aufgabe.
- **Selbstkontrolle:** Alle Dominoteile nebeneinander ergeben eine fortlaufende Reihe von Gauklern.

Schriftliche Addition mit Übertrag – Lösungen

5 B

Domino

Karte	Zahl	Aufgabe	Übertrag	Ergebnis
1	500	355 + 236	1	591
2	591	623 + 294	1	917
3	917	245 + 176	1 1	421
4	421	631 + 294	1	925
5	925	477 + 333	1 1	810
6	810	666 + 255	1 1	921
7	921	722 + 188	1 1	910
8	910	555 + 177	1 1	732
9	732	82 + 635	1	717
10	717	245 + 75	1 1	320
11	320	468 + 57	1 1	525
12	525	68 + 668	1 1	736
13	736	788 + 109	1	897
14	897	647 + 255	1 1	902
15	902	473 + 327	1 1	800
16	800	267 + 233	1 1	500

Schriftliche Addition mit Übertrag

5 C

1	137 + 141 + 318 = **596**	7	484 + 275 + 138 = ____
2	325 + 111 + 257 = ____	8	177 + 288 + 399 = ____
3	217 + 152 + 187 = ____	9	362 + 62 + 162 = ____
4	423 + 184 + 233 = ____	10	215 + 488 + 77 = ____
5	138 + 228 + 318 = ____	11	36 + 336 + 336 = ____
6	357 + 168 + 259 = ____	12	47 + 407 + 470 = ____

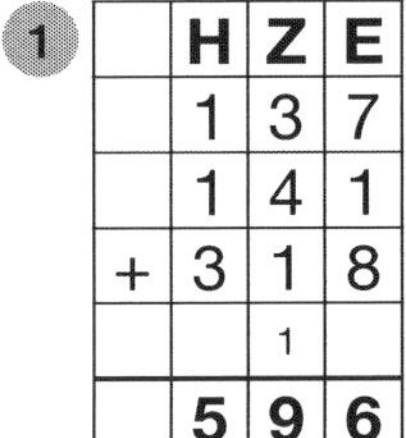

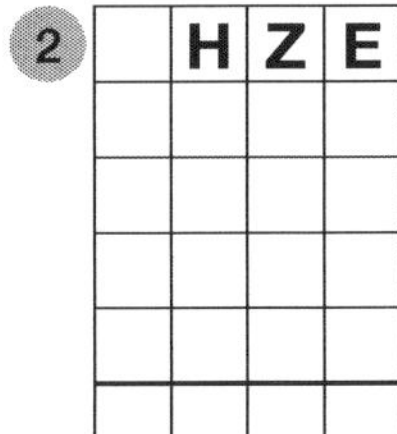
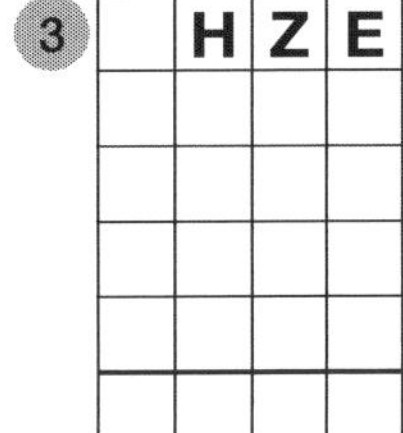

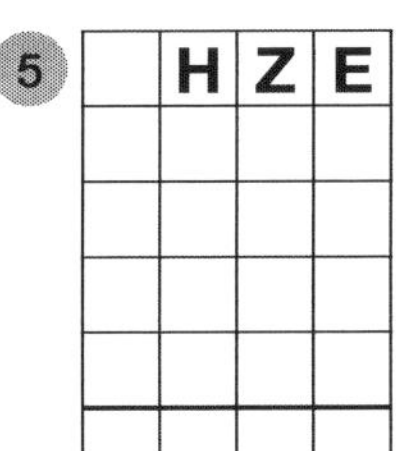
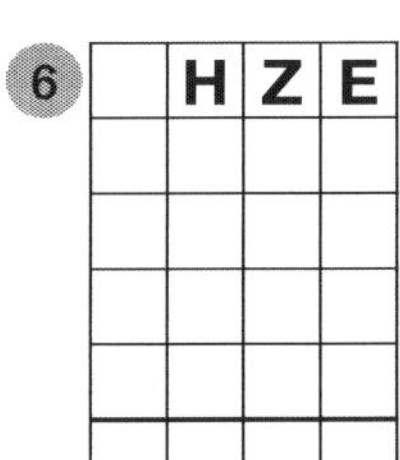
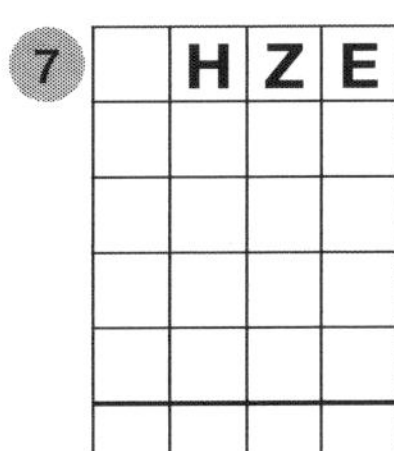

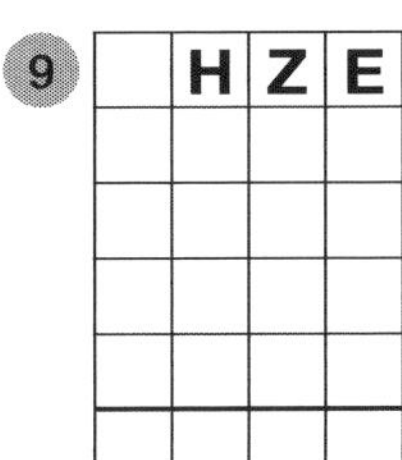
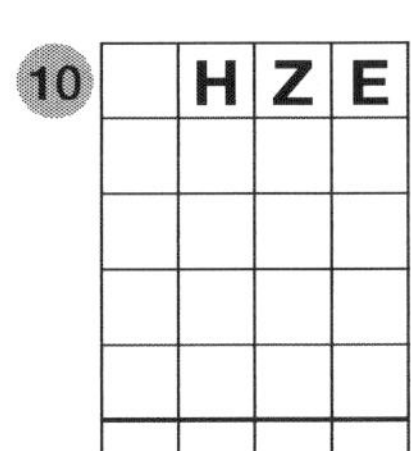

12

	H	Z	E

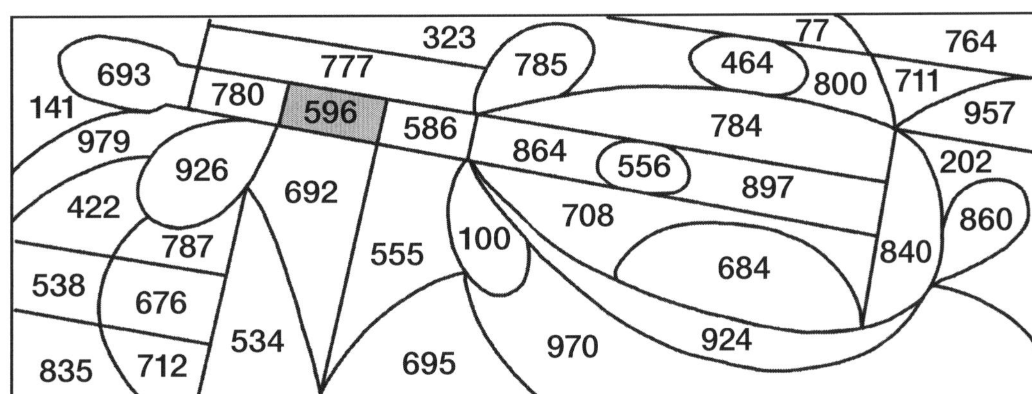

So geht's:

- Schreibe die Aufgaben untereinander. Löse sie und notiere die Ergebnisse.
- Suche die **Ergebniszahlen** im Bild und male nur diese Felder aus.
- **Selbstkontrolle**: Die ausgemalten Felder ergeben ein Lösungsbild.

Ausmalen

Schriftliche Addition mit Übertrag – Lösungen

5 C

1. 137 + 141 + 318 = **596**
2. 325 + 111 + 257 = **693**
3. 217 + 152 + 187 = **556**
4. 423 + 184 + 233 = **840**
5. 138 + 228 + 318 = **684**
6. 357 + 168 + 259 = **784**
7. 484 + 275 + 138 = **897**
8. 177 + 288 + 399 = **864**
9. 362 + 62 + 162 = **586**
10. 215 + 488 + 77 = **780**
11. 36 + 336 + 336 = **708**
12. 47 + 407 + 470 = **924**

1.

	H	Z	E
	1	3	7
	1	4	1
+	3	1	8
		1	
	5	**9**	**6**

2.

	H	Z	E
	3	2	5
	1	1	1
+	2	5	7
		1	
	6	**9**	**3**

3.

	H	Z	E
	2	1	7
	1	5	2
+	1	8	7
	1	1	
	5	**5**	**6**

4.

	H	Z	E
	4	2	3
	1	8	4
+	2	3	3
	1	1	
	8	**4**	**0**

5.

	H	Z	E
	1	3	8
	2	2	8
+	3	1	8
		2	
	6	**8**	**4**

6.

	H	Z	E
	3	5	7
	1	6	8
+	2	5	9
	1	2	
	7	**8**	**4**

7.

	H	Z	E
	4	8	4
	2	7	5
+	1	3	8
	1	1	
	8	**9**	**7**

8.

	H	Z	E
	1	7	7
	2	8	8
+	3	9	9
	2	2	
	8	**6**	**4**

9.

	H	Z	E
	3	6	2
		6	2
+	1	6	2
	1		
	5	**8**	**6**

10.

	H	Z	E
	2	1	5
	4	8	8
+		7	7
	1	2	
	7	**8**	**0**

11.

	H	Z	E
		3	6
	3	3	6
+	3	3	6
	1	1	
	7	**0**	**8**

12.

	H	Z	E
		4	7
	4	0	7
+	4	7	0
	1	1	
	9	**2**	**4**

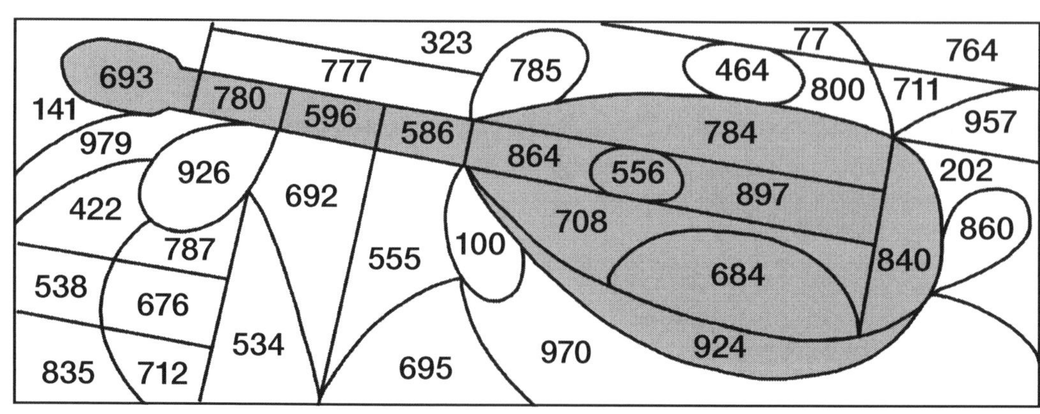

Ausmalen

Schriftliche Addition mit Übertrag

5 D

5□□ + 249 = □96	28□ + 189 = 4□8	9□ + 167 = □62	2□9 + 10□ = □98
138 + 18□ = 3□1	2□□ + 532 = □11	1□9 + 468 = □77	□5 + 179 = □54
305 + 46□ = 7□4	209 + 25□ = □67	2□□ + 462 = □39	145 + 86 = □3□
623 + 18□ = □10	282 + □8 = □50	21□ + 38 = □□5	2□5 + 521 = □0□
11□ + 3□5 = □07	347 + 13□ = 4□5	13□ + 316 = □50	362 + 2□9 = □7□

So geht's:

- Löse die Aufgaben und notiere die fehlenden Zahlen.
- Schneide die Puzzleteile aus.
- Lege die Puzzleteile in der Reihenfolge der **Ergebniszahlen** (von der kleinsten zur größten) nebeneinander, immer 4 in eine Reihe.
- **Selbstkontrolle**: Alle Teile ergeben zusammengelegt ein Lösungsbild.

Puzzle

Schriftliche Addition mit Übertrag – Lösungen

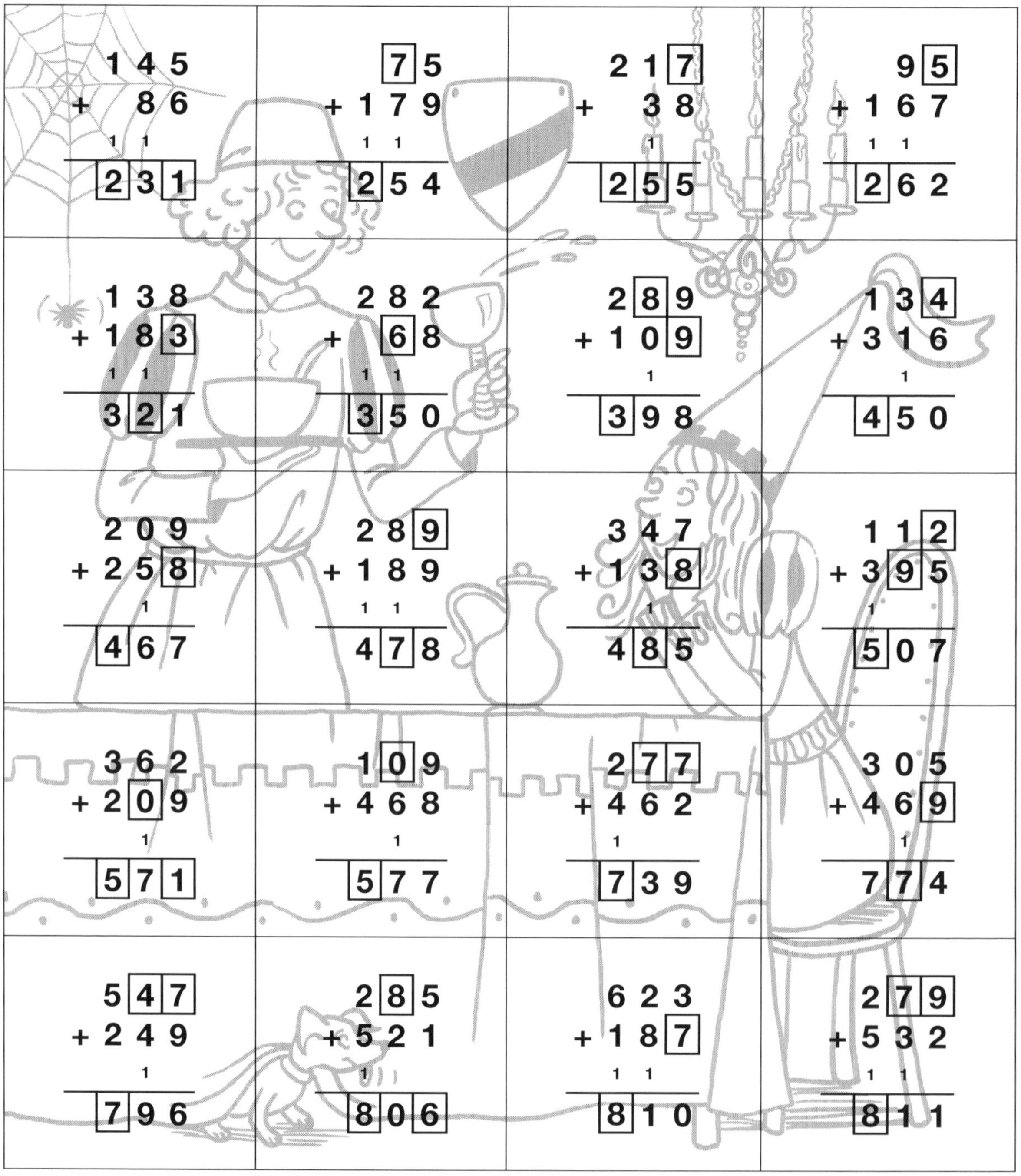

5 D

145 + 86 1 1 231	75 + 179 1 1 254	217 + 38 1 255	95 + 167 1 1 262
138 + 183 1 1 321	282 + 68 1 1 350	289 + 109 1 398	134 + 316 1 450
209 + 258 1 467	289 + 189 1 1 478	347 + 138 1 485	112 + 395 1 507
362 + 209 1 571	109 + 468 1 577	277 + 462 1 739	305 + 469 1 774
547 + 249 1 796	285 + 521 1 806	623 + 187 1 1 810	279 + 532 1 1 811

Puzzle

Schriftliche Subtraktion ohne Übertrag

6 A

846 – 314 = ____

Halbschriftlich:

800 – 300 = **500**
40 – 10 = **30**
6 – 4 = **2**
500 + 30 + 2 = **532**

Schriftlich:

Abziehen
Von der oberen die untere Zahl abziehen.
6E – 4E = **2E**
4Z – 1Z = **3Z**
8H – 3H = **5H**

Schreibe:

	H	Z	E
	8	4	6
–	3	1	4
	5	**3**	**2**

oder **Ergänzen**
Die untere zur oberen Zahl ergänzen.
4E + **2E** = 6E
1Z + **3Z** = 4Z
3H + **5H** = 8H

1

	H	Z	E
	8	4	6
–	3	1	4
	5	**3**	**2**

L

2

	H	Z	E
	4	2	8
–	1	1	4

T

3

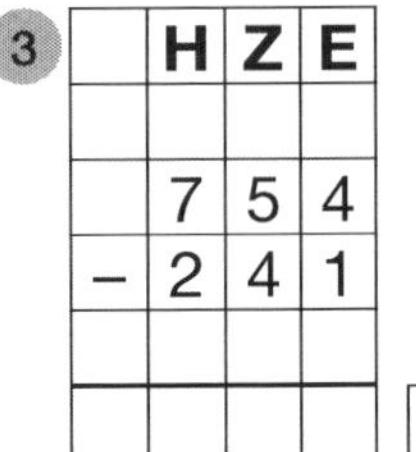

	H	Z	E
	7	5	4
–	2	4	1

I

4

	H	Z	E
	9	9	8
–	5	6	1

S

5

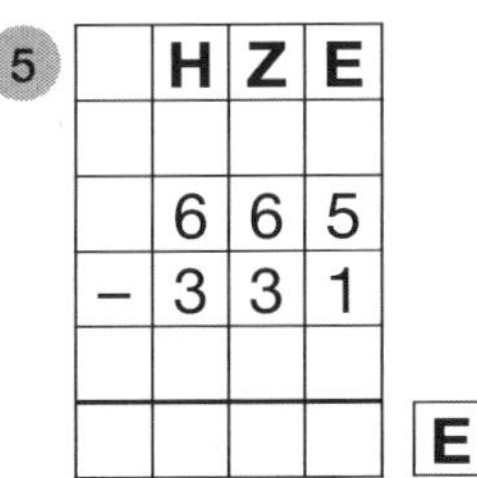

	H	Z	E
	6	6	5
–	3	3	1

E

6

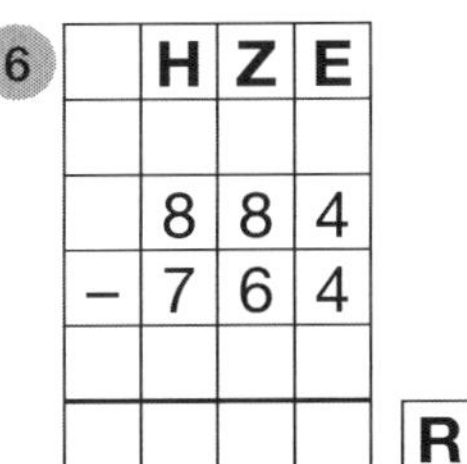

	H	Z	E
	8	8	4
–	7	6	4

R

7

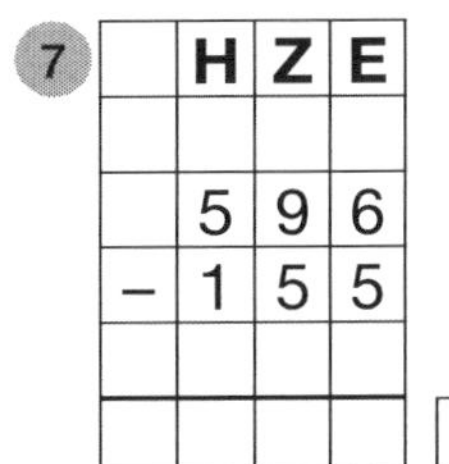

	H	Z	E
	5	9	6
–	1	5	5

C

8

	H	Z	E
	3	8	9
–	1	8	3

T

9

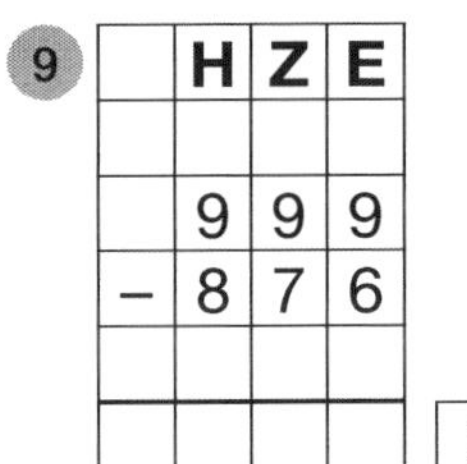

	H	Z	E
	9	9	9
–	8	7	6

I

10

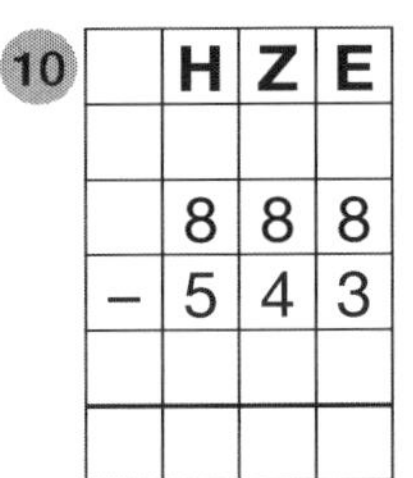

	H	Z	E
	8	8	8
–	5	4	3

R

11

	H	Z	E
	7	7	7
–	2	1	0

D

12

	H	Z	E
	6	6	6
–	2	2	2

H

Lösung:

120	123	206	314	334	345	437	441	444	513	**532**	567
										L	

So geht's:
- Löse die Aufgaben und notiere die Ergebnisse.
- Suche die **Ergebniszahlen** in der „Lösung" und trage die passenden Buchstaben darunter ein.
- **Selbstkontrolle**: Die Lösung ist ein Gegenstand, den der Ritter im Kampf braucht.

Geheimschrift

Schriftliche Subtraktion ohne Übertrag – Lösungen

1

	H	Z	E
	8	4	6
–	3	1	4
	5	**3**	**2**

L

2

	H	Z	E
	4	2	8
–	1	1	4
	3	**1**	**4**

T

3

	H	Z	E
	7	5	4
–	2	4	1
	5	**1**	**3**

I

4

	H	Z	E
	9	9	8
–	5	6	1
	4	**3**	**7**

S

5

	H	Z	E
	6	6	5
–	3	3	1
	3	**3**	**4**

E

6

	H	Z	E
	8	8	4
–	7	6	4
	1	**2**	**0**

R

7

	H	Z	E
	5	9	6
–	1	5	5
	4	**4**	**1**

C

8

	H	Z	E
	3	8	9
–	1	8	3
	2	**0**	**6**

T

9

	H	Z	E
	9	9	9
–	8	7	6
	1	**2**	**3**

I

10

	H	Z	E
	8	8	8
–	5	4	3
	3	**4**	**5**

R

11

	H	Z	E
	7	7	7
–	2	1	0
	5	**6**	**7**

D

12

	H	Z	E
	6	6	6
–	2	2	2
	4	**4**	**4**

H

Lösung:

120	123	206	314	334	345	437	441	444	513	532	567
R	I	T	T	E	R	S	C	H	I	L	D

Geheimschrift

Schriftliche Subtraktion ohne Übertrag

6 B

Zahl	Aufgabe
51	678 − 624
734	899 − 76
321	457 − 253
32	495 − 444
54	639 − 318
821	999 − 86
615	789 − 55
935	388 − 366
403	650 − 230
823	882 − 61
204	984 − 664
913	987 − 52
320	713 − 212
22	573 − 541
420	678 − 63
501	809 − 406

So geht's:

- Schneide die Dominoteile aus.
- Löse die Aufgabe auf einem beliebigen Dominoteil und suche die **Ergebniszahl** auf einem anderen Teil.
- Lege es an. Dort steht die nächste Aufgabe.
- **Selbstkontrolle:** Alle Dominoteile nebeneinander ergeben eine fortlaufende Reihe einer Rittertafel.

Domino

54 | 639 − 318 = 321
321 | 457 − 253 = 204
204 | 984 − 664 = 320
320 | 713 − 212 = 501
501 | 809 − 406 = 403
403 | 650 − 230 = 420
420 | 678 − 63 = 615
615 | 789 − 55 = 734
734 | 899 − 76 = 823
823 | 882 − 61 = 821
821 | 999 − 86 = 913
913 | 987 − 52 = 935
935 | 388 − 366 = 22
22 | 573 − 541 = 32
32 | 495 − 444 = 51
51 | 678 − 624 = 54

Schriftliche Subtraktion ohne Übertrag

6 C

1. 868 – 234 = **634**
2. 547 – 36 = ____
3. 964 – 462 = ____
4. 288 – 76 = ____
5. 495 – 483 = ____
6. 666 – 636 = ____
7. 487 – 444 = ____
8. 475 – 411 = ____
9. 637 – 314 = ____
10. 459 – 27 = ____
11. 685 – 211 = ____
12. 687 – 53 = ____

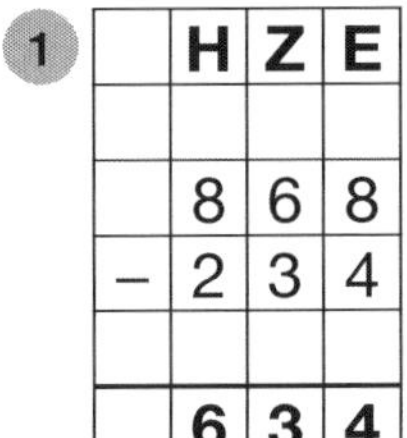

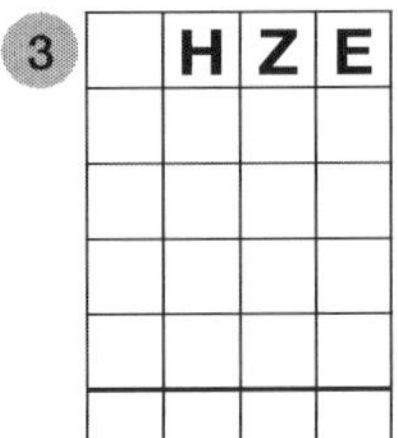

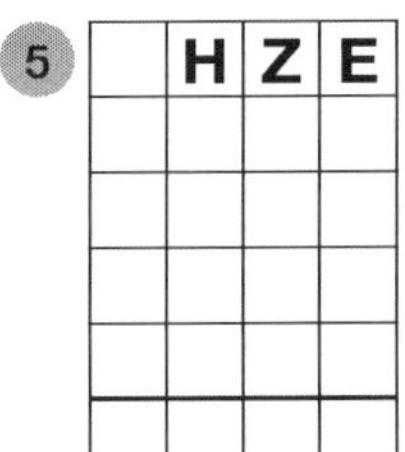

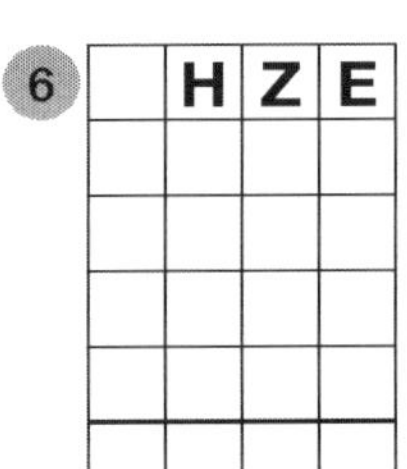

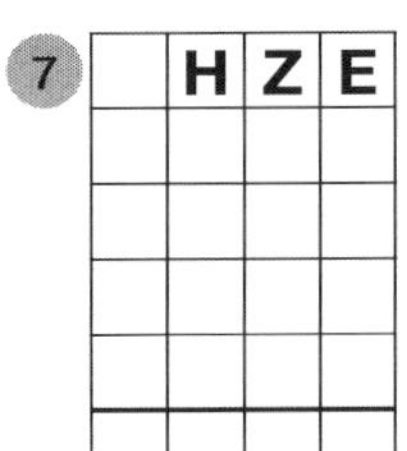

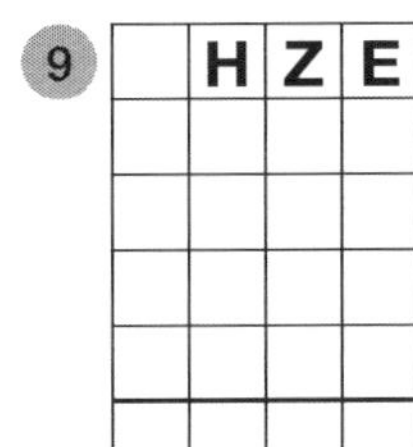

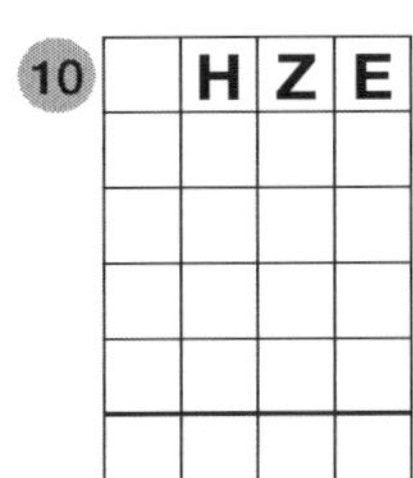

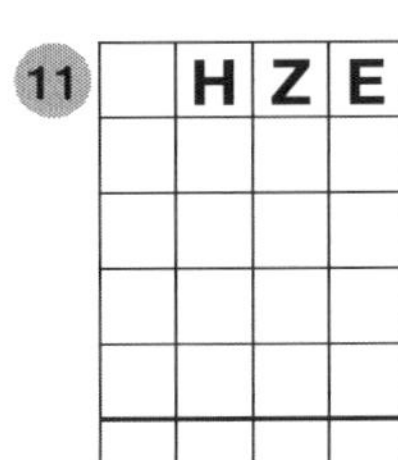

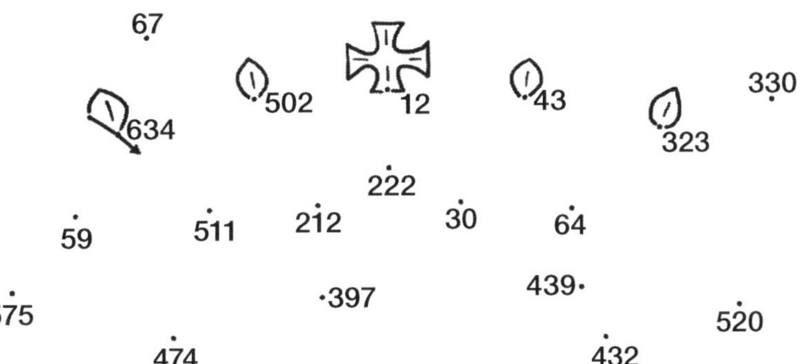

So geht's:

- Schreibe die Aufgaben untereinander. Löse sie und notiere die Ergebnisse.
- Suche die **Ergebniszahlen** im Bild und verbinde die Punkte in der Reihenfolge der Aufgaben (Lineal).
- **Selbstkontrolle:** Die verbundenen Linien ergeben ein Lösungsbild.

Bild aus Punkten

Schriftliche Subtraktion ohne Übertrag – Lösungen

6 C

1. 868 – 234 = **634**
2. 547 – 36 = **511**
3. 964 – 462 = **502**
4. 288 – 76 = **212**
5. 495 – 483 = **12**
6. 666 – 636 = **30**
7. 487 – 444 = **43**
8. 475 – 411 = **64**
9. 637 – 314 = **323**
10. 459 – 27 = **432**
11. 685 – 211 = **474**
12. 687 – 53 = **634**

1

	H	Z	E
	8	6	8
–	2	3	4
	6	**3**	**4**

2

	H	Z	E
	5	4	7
–		3	6
	5	**1**	**1**

3

	H	Z	E
	9	6	4
–	4	6	2
	5	**0**	**2**

4

	H	Z	E
	2	8	8
–		7	6
	2	**1**	**2**

5

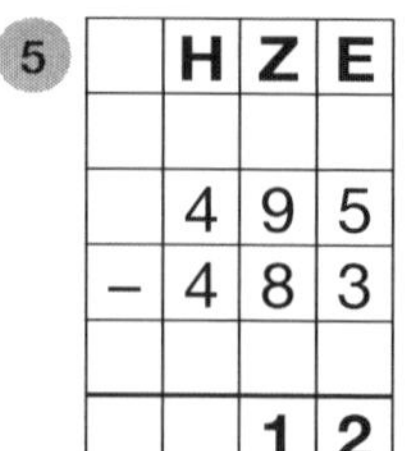

	H	Z	E
	4	9	5
–	4	8	3
		1	**2**

6

	H	Z	E
	6	6	6
–	6	3	6
		3	**0**

7

	H	Z	E
	4	8	7
–	4	4	4
		4	**3**

8

	H	Z	E
	4	7	5
–	4	1	1
		6	**4**

9

	H	Z	E
	6	3	7
–	3	1	4
	3	**2**	**3**

10

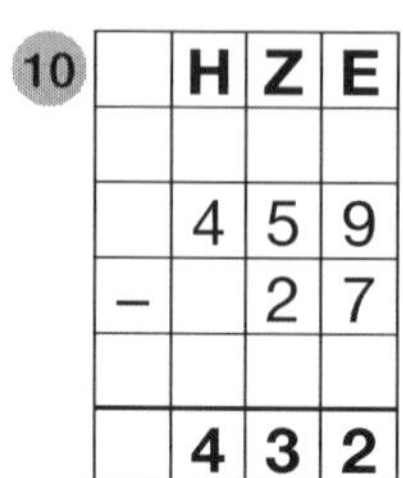

	H	Z	E
	4	5	9
–		2	7
	4	**3**	**2**

11

	H	Z	E
	6	8	5
–	2	1	1
	4	**7**	**4**

12

	H	Z	E
	6	8	7
–		5	3
	6	**3**	**4**

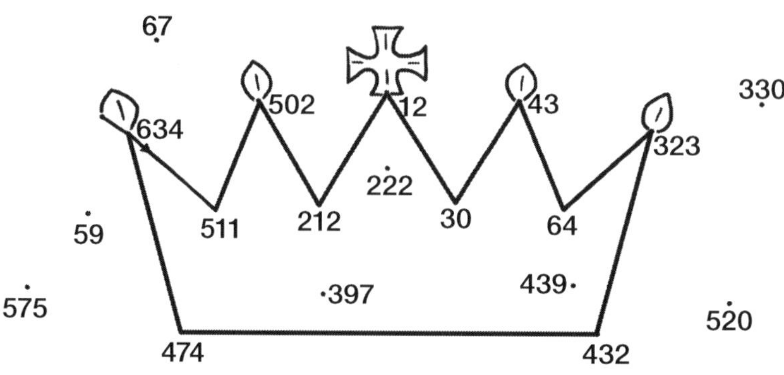

Bild aus Punkten

Schriftliche Subtraktion ohne Übertrag

6 D

79□ − 325 □□3	89□ − □32 3□5	88□ − 5□6 □02	670 − 4□0 □3□
789 − 52□ □□6	9□□ − 235 □62	375 − 36□ □1	60□ − 105 □□4
□64 − 633 □1	777 − 3□□ □06	□99 − 355 □4	9□7 − 352 □3□
689 − 28□ □□4	59□ − □26 □1	555 − 2□□ □21	□6□ − 555 1□1
486 − □44 □2	687 − 3□□ □00	99□ − 8□6 □23	□9□ − 358 3□0

So geht's:

- Löse die Aufgaben und notiere die fehlenden Zahlen.
- Schneide die Puzzleteile aus.
- Lege die Puzzleteile in der Reihenfolge der **Ergebniszahlen** (von der kleinsten zur größten) nebeneinander, immer 4 in eine Reihe.
- **Selbstkontrolle**: Alle Teile ergeben zusammengelegt ein Lösungsbild.

Puzzle

Schriftliche Subtraktion ohne Übertrag – Lösungen

6 D

Puzzle

375 − 364 = 11	664 − 633 = 31	486 − 444 = 42	399 − 355 = 44
597 − 526 = 71	666 − 555 = 111	999 − 876 = 123	670 − 440 = 230
789 − 523 = 266	687 − 387 = 300	888 − 586 = 302	555 − 234 = 321
698 − 358 = 340	897 − 532 = 365	689 − 285 = 404	777 − 371 = 406
798 − 325 = 473	609 − 105 = 504	987 − 352 = 635	997 − 235 = 762

Schriftliche Subtraktion mit Übertrag

847 – 318 = ____

Abziehen
7E – 8E geht nicht.
1Z in 10E wechseln,
3Z bleiben.
Jetzt: 17E – 8E = **9E**
3Z – 1Z = **2Z**
8H – 3H = **5H**

	H	**Z**	**E**
		3	10
	8	4	7
–	3	1	8
	5	**2**	**9**

oder **Ergänzen**
Von 8E bis 7E geht nicht.
oben 10E dazu und
unten 1Z dazu.
Jetzt: 8E + **9E** = 17E
2Z + **2Z** = 4Z
3H + **5H** = 8H

	H	**Z**	**E**
			10
	8	4	7
–	3	1	8
		1	
	5	**2**	**9**

1

	H	**Z**	**E**
	8	4	7
–	3	1	8
	5	**2**	**9**

A

2

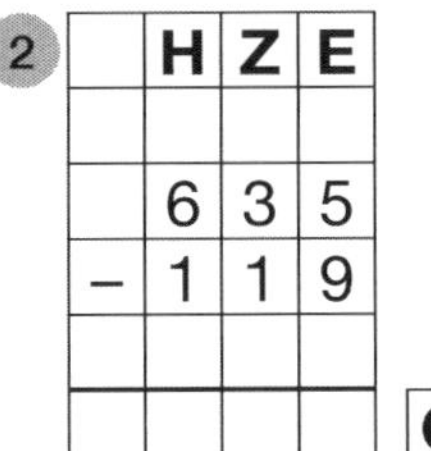

	H	**Z**	**E**
	6	3	5
–	1	1	9

G

3

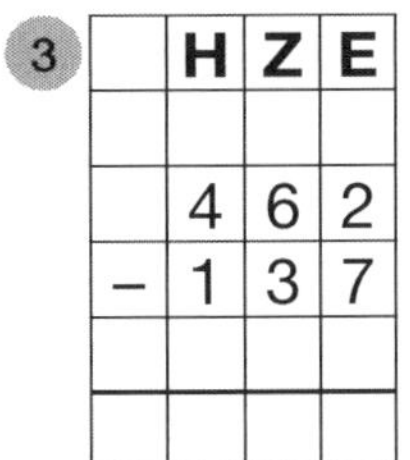

	H	**Z**	**E**
	4	6	2
–	1	3	7

W

4

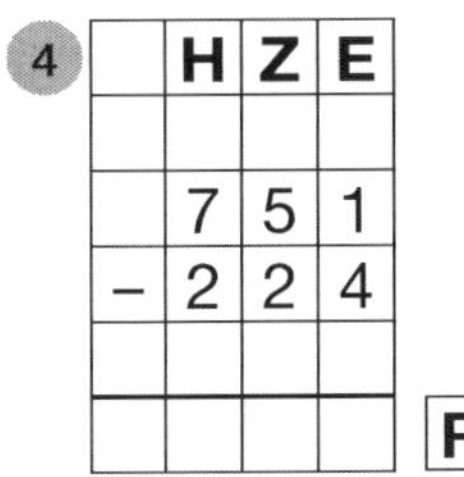

	H	**Z**	**E**
	7	5	1
–	2	2	4

R

5

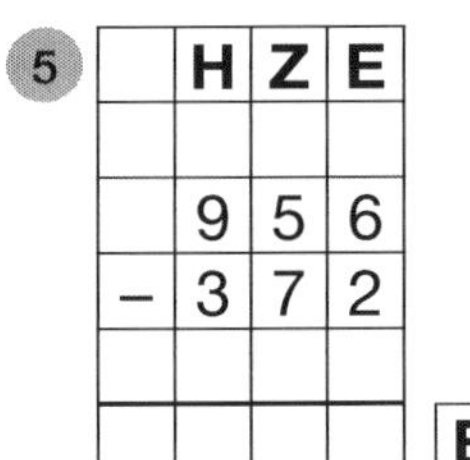

	H	**Z**	**E**
	9	5	6
–	3	7	2

E

6

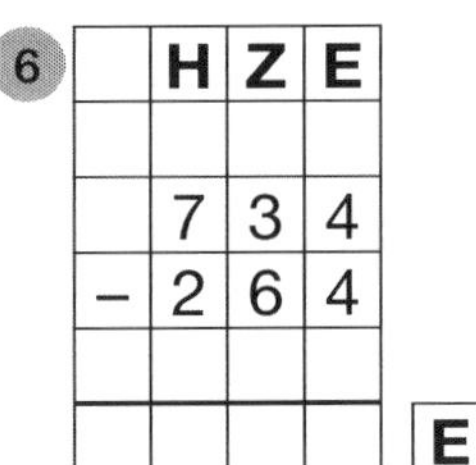

	H	**Z**	**E**
	7	3	4
–	2	6	4

E

7

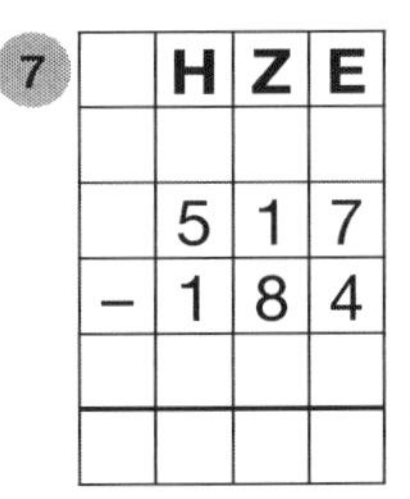

	H	**Z**	**E**
	5	1	7
–	1	8	4

A

8

	H	**Z**	**E**
	6	8	8
–	2	9	8

S

9

	H	**Z**	**E**
	7	6	5
–	2	1	8

B

10

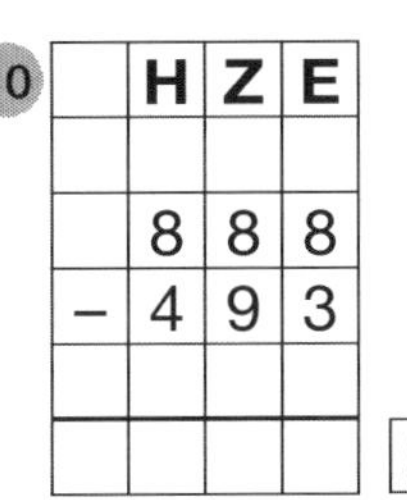

	H	**Z**	**E**
	8	8	8
–	4	9	3

S

11

	H	**Z**	**E**
	6	4	5
–	1	3	8

R

12

	H	**Z**	**E**
	7	6	5
–	1	7	4

N

Lösung:

325	333	390	395	470	507	516	527	**529**	547	584	591
								A			

So geht's:

- Löse die Aufgaben und notiere die Ergebnisse.
- Suche die **Ergebniszahlen** in der „Lösung" und trage die passenden Buchstaben darunter ein.
- **Selbstkontrolle**: Die Lösung ist ein Teil der Festungsanlage.

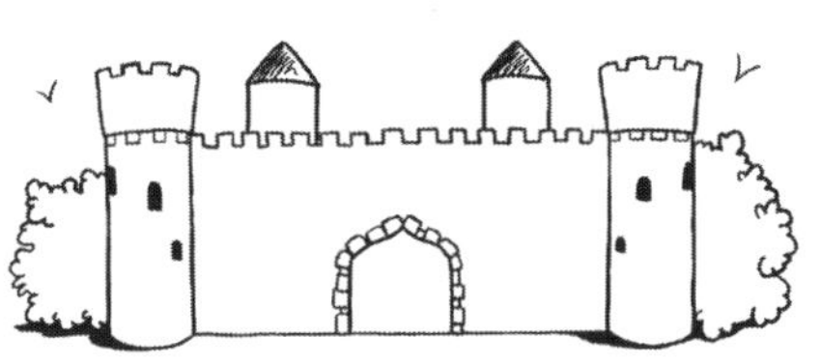

Geheimschrift

Schriftliche Subtraktion mit Übertrag – Lösungen

1

	H	Z	E	
	8	4	7	
–	3	1	8	
	5	**2**	**9**	**A**

2

	H	Z	E	
	6	3	5	
–	1	1	9	
	5	**1**	**6**	**G**

3

	H	Z	E	
	4	6	2	
–	1	3	7	
	3	**2**	**5**	**W**

4

	H	Z	E	
	7	5	1	
–	2	2	4	
	5	**2**	**7**	**R**

5

	H	Z	E	
	9	5	6	
–	3	7	2	
	5	**8**	**4**	**E**

6

	H	Z	E	
	7	3	4	
–	2	6	4	
	4	**7**	**0**	**E**

7

	H	Z	E	
	5	1	7	
–	1	8	4	
	3	**3**	**3**	**A**

8

	H	Z	E	
	6	8	8	
–	2	9	8	
	3	**9**	**0**	**S**

9

	H	Z	E	
	7	6	5	
–	2	1	8	
	5	**4**	**7**	**B**

10

	H	Z	E	
	8	8	8	
–	4	9	3	
	3	**9**	**5**	**S**

11

	H	Z	E	
	6	4	5	
–	1	3	8	
	5	**0**	**7**	**R**

12

	H	Z	E	
	7	6	5	
–	1	7	4	
	5	**9**	**1**	**N**

Lösung:

325	333	390	395	470	507	516	527	529	547	584	591
W	A	S	S	E	R	G	R	A	B	E	N

Schriftliche Subtraktion mit Übertrag

7 B

755 − 277	783 − 355	474 − 81	477 − 168
582 − 66	912 − 444	325 − 63	636 − 582
645 − 261	528 − 255	384 − 327	834 − 266
744 − 664	411 − 122	621 − 133	494 − 79
516 − 481	732 − 333	666 − 199	811 − 419

So geht's:

- Löse die Aufgaben und notiere die Ergebnisse.
- Schneide die Puzzleteile aus.
- Lege die Puzzleteile in der Reihenfolge der **von dir errechneten Zahlen** (von der kleinsten zur größten) nebeneinander, immer 4 in eine Reihe.
- **Selbstkontrolle**: Alle Teile ergeben zusammengelegt ein Lösungsbild.

Puzzle

Schriftliche Subtraktion mit Übertrag – Lösungen

7 B

516 − 481 **35**	636 − 582 **54**	384 − 327 **57**	744 − 664 **80**
325 − 63 **262**	528 − 255 **273**	411 − 122 **289**	477 − 168 **309**
645 − 261 **384**	811 − 419 **392**	474 − 81 **393**	732 − 333 **399**
494 − 79 **415**	783 − 355 **428**	666 − 199 **467**	912 − 444 **468**
755 − 277 **478**	621 − 133 **488**	582 − 66 **516**	834 − 266 **568**

Puzzle

Schriftliche Subtraktion mit Übertrag

① 637 – 229 = **408**	⑦ 802 – 329 = ____
② 546 – 258 = ____	⑧ 505 – 108 = ____
③ 715 – 339 = ____	⑨ 617 – 89 = ____
④ 923 – 666 = ____	⑩ 840 – 67 = ____
⑤ 405 – 185 = ____	⑪ 713 – 667 = ____
⑥ 617 – 218 = ____	⑫ 516 – 428 = ____

1
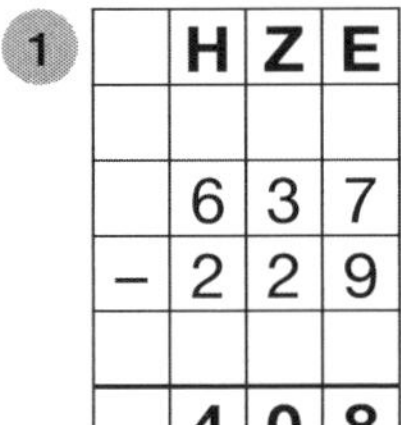

2

3
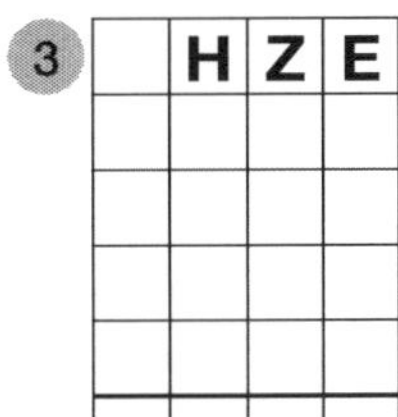

4

5
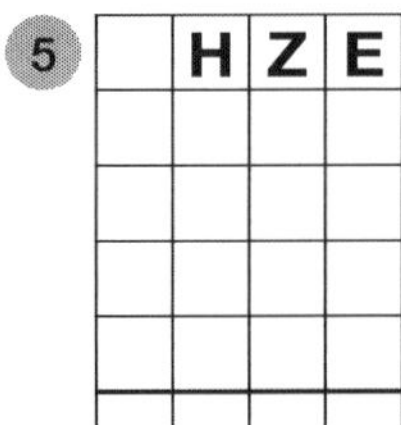

6

7
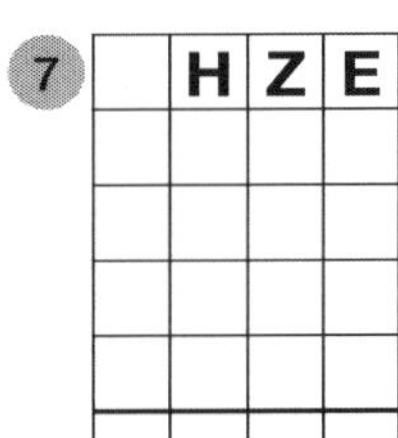

8

9
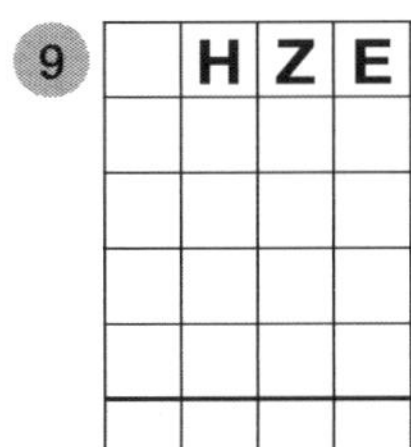

10
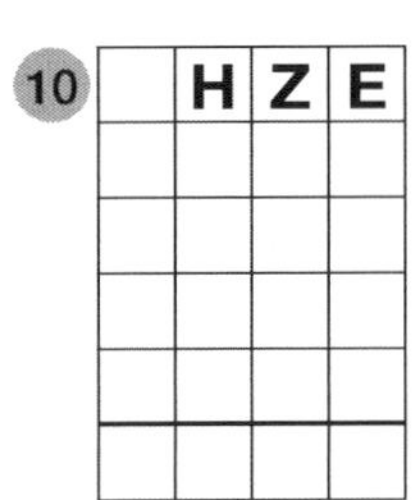

11
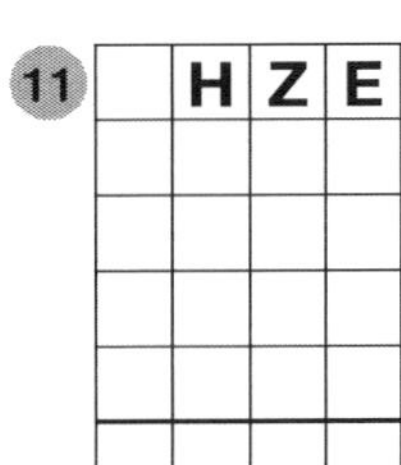

12

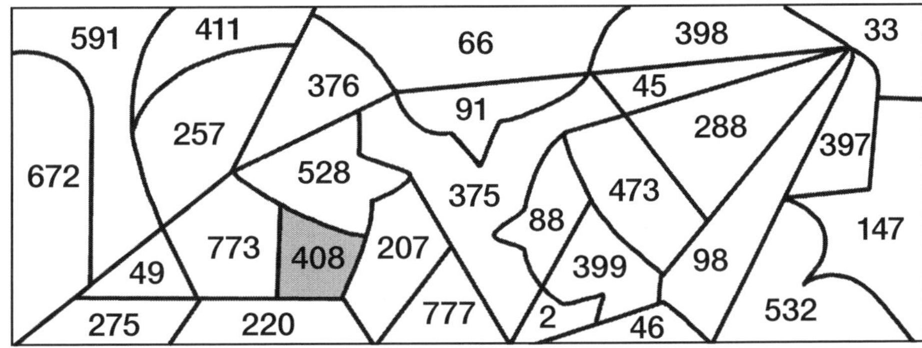

So geht's:

- Schreibe die Aufgaben untereinander. Löse sie und notiere die Ergebnisse.
- Suche die **Ergebniszahlen** im Bild und male nur diese Felder aus.
- **Selbstkontrolle**: Die ausgemalten Felder ergeben ein Lösungsbild.

Schriftliche Subtraktion mit Übertrag – Lösungen

1. 637 – 229 = **408**
2. 546 – 258 = **288**
3. 715 – 339 = **376**
4. 923 – 666 = **257**
5. 405 – 185 = **220**
6. 617 – 218 = **399**
7. 802 – 329 = **473**
8. 505 – 108 = **397**
9. 617 – 89 = **528**
10. 840 – 67 = **773**
11. 713 – 667 = **46**
12. 516 – 428 = **88**

1

	H	Z	E
	6	3	7
–	2	2	9
	4	**0**	**8**

2

	H	Z	E
	5	4	6
–	2	5	8
	2	**8**	**8**

3

	H	Z	E
	7	1	5
–	3	3	9
	3	**7**	**6**

4

	H	Z	E
	9	2	3
–	6	6	6
	2	**5**	**7**

5

	H	Z	E
	4	0	5
–	1	8	5
	2	**2**	**0**

6

	H	Z	E
	6	1	7
–	2	1	8
	3	**9**	**9**

7

	H	Z	E
	8	0	2
–	3	2	9
	4	**7**	**3**

8

	H	Z	E
	5	0	5
–	1	0	8
	3	**9**	**7**

9

	H	Z	E
	6	1	7
–		8	9
	5	**2**	**8**

10

	H	Z	E
	8	4	0
–		6	7
	7	**7**	**3**

11

	H	Z	E
	7	1	3
–	6	6	7
		4	**6**

12

	H	Z	E
	5	1	6
–	4	2	8
		8	**8**

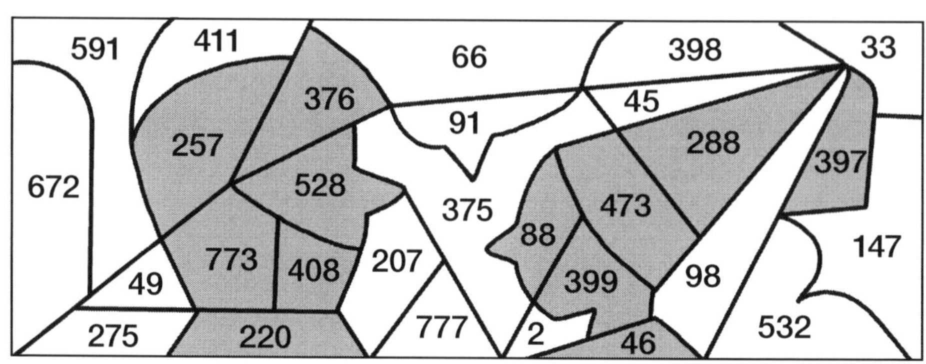

Schriftliche Subtraktion mit Übertrag

7 D

1

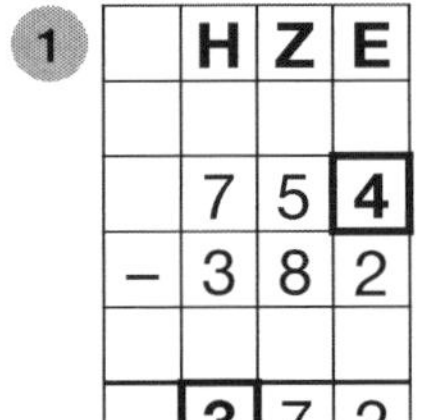

	H	Z	E
	7	5	**4**
–	3	8	2
	3	7	2

2

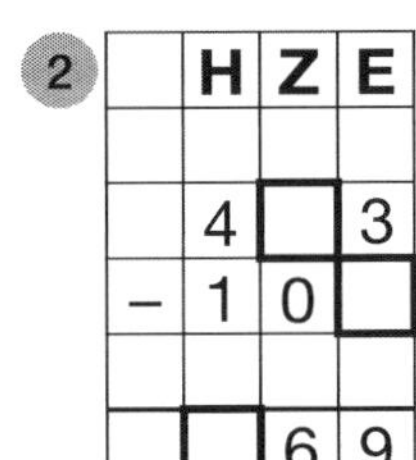

	H	Z	E
	4		3
–	1	0	
		6	9

3

	H	Z	E
	5	7	
–	2	6	9
		0	7

4

	H	Z	E
	5	5	
–	2	8	2
	2		3

5

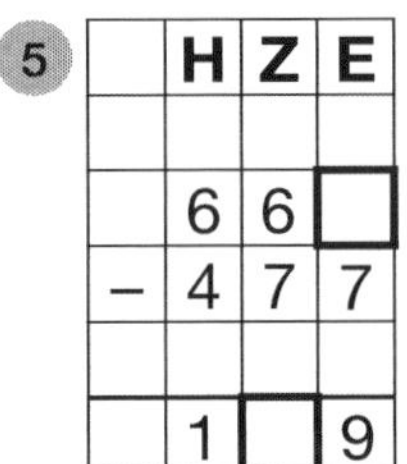

	H	Z	E
	6	6	
–	4	7	7
	1		9

6

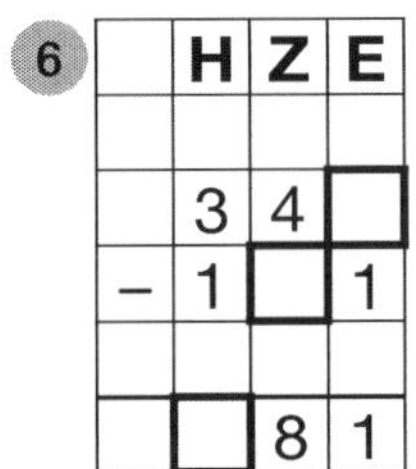

	H	Z	E
	3	4	
–	1		1
		8	1

7

	H	Z	E
	8		
–	7	7	7
		0	8

8

	H	Z	E
	3		2
–	1	6	
		2	4

9

	H	Z	E
	8	0	
–	5	0	9
		9	5

10

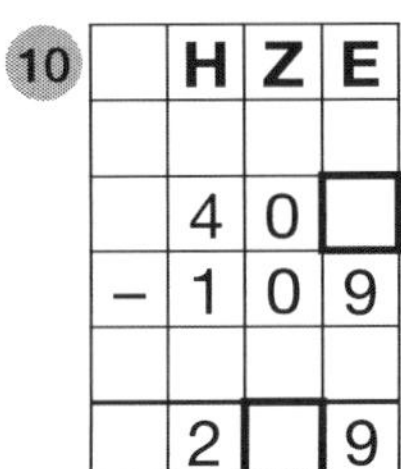

	H	Z	E
	4	0	
–	1	0	9
	2		9

11

	H	Z	E
	6	7	
–	2	8	3
		8	8

12

	H	Z	E
	5	8	
–	1		7
		0	9

13

	H	Z	E
		2	1
–	2	2	
	3		8

14

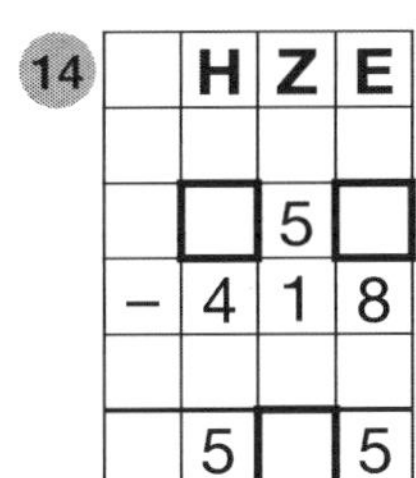

	H	Z	E
		5	
–	4	1	8
	5		5

15

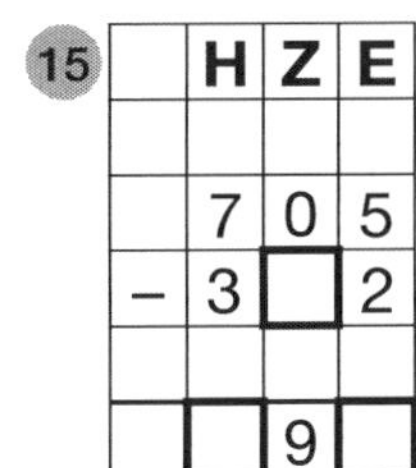

	H	Z	E
	7	0	5
–	3		2
		9	

16

	H	Z	E
	6	0	
–	2	2	2
			0

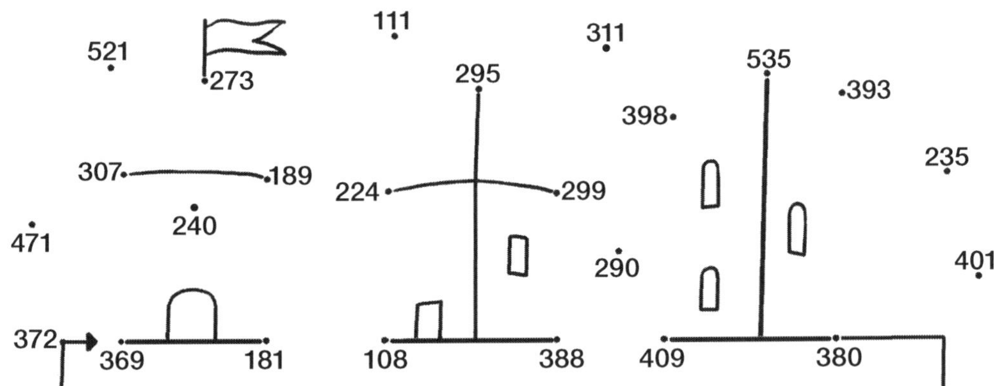

So geht's:

- Löse die Aufgaben und notiere die fehlenden Zahlen.
- Suche die **Ergebniszahlen** im Bild und verbinde die Punkte in der Reihenfolge der Aufgaben (Lineal).
- **Selbstkontrolle:** Die verbundenen Linien ergeben ein Lösungsbild.

Bild aus Punkten

Schriftliche Subtraktion mit Übertrag – Lösungen

7 D

1

	H	Z	E
	7	5	**4**
–	3	8	2
	3	7	2

2

	H	Z	E
	4	**7**	3
–	1	0	**4**
	3	6	9

3

	H	Z	E
	5	7	**6**
–	2	6	9
	3	0	7

4

	H	Z	E
	5	5	**5**
–	2	8	2
	2	**7**	3

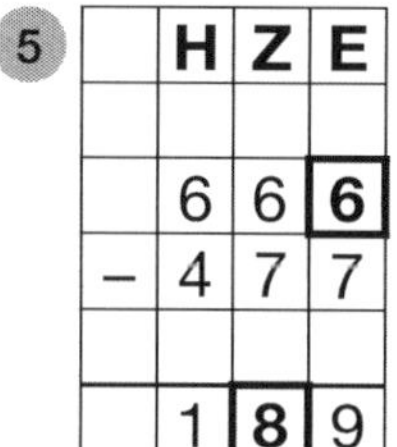

5

	H	Z	E
	6	6	**6**
–	4	7	7
	1	**8**	9

6

	H	Z	E
	3	4	**2**
–	1	**6**	1
	1	8	1

7

	H	Z	E
	8	**8**	**5**
–	7	7	7
	1	0	8

8

	H	Z	E
	3	**9**	2
–	1	6	**8**
	2	2	4

9

	H	Z	E
	8	0	**4**
–	5	0	9
	2	9	5

10

	H	Z	E
	4	0	**8**
–	1	0	9
	2	**9**	9

11

	H	Z	E
	6	7	**1**
–	2	8	3
	3	8	8

12

	H	Z	E
	5	8	**6**
–	1	**7**	7
	4	0	9

13

	H	Z	E
	6	2	1
–	2	2	**3**
	3	**9**	8

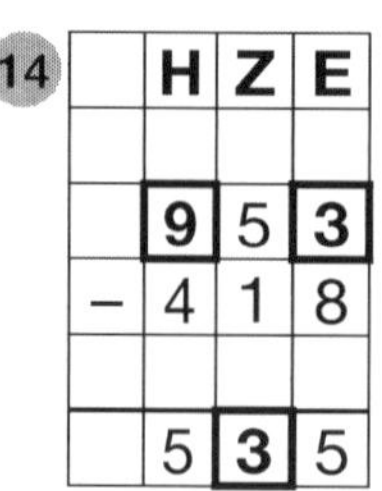

14

	H	Z	E
	9	5	**3**
–	4	1	8
	5	**3**	5

15

	H	Z	E
	7	0	5
–	3	**1**	2
	3	9	**3**

16

	H	Z	E
	6	0	**2**
–	2	2	2
	3	**8**	0

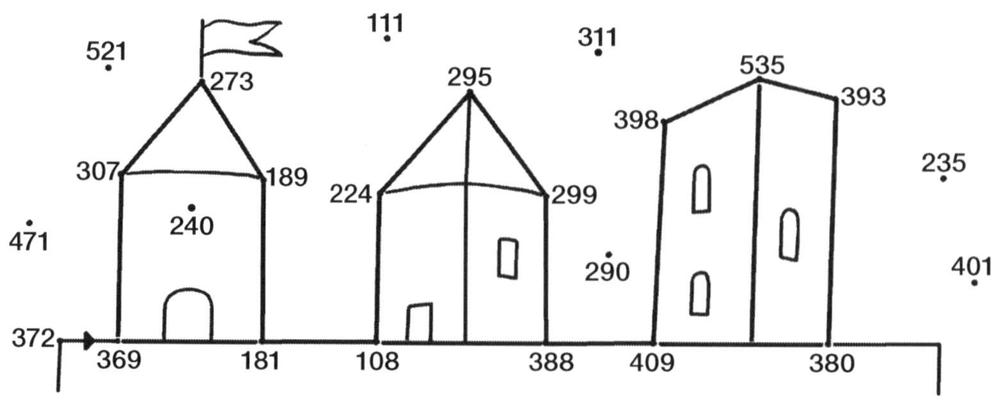

Bild aus Punkten

Halbschriftliche Multiplikation

8 A

9	**· 43**	**=**		
9	· 40	=	360	
9	· 3	=	27	
			387	

9 · 43 =
=
=

6 · 58 =
=
=

3 · 94 =
=
=

9 · 64 =
=
=

7 · 28 =
=
=

4 · 92 =
=
=

3 · 39 =
=
=

5 · 87 =
=
=

5 · 65 =
=
=

2 · 79 =
=
=

4 · 83 =
=
=

8 · 36 =
=
=

So geht's:

- Löse die Aufgaben und notiere die Ergebnisse.
- Schneide die Puzzleteile aus.
- Lege die Puzzleteile in der Reihenfolge der **von dir errechneten Zahlen** (von der kleinsten zur größten) nebeneinander, immer 3 in eine Reihe.
- **Selbstkontrolle**: Alle Teile ergeben zusammengelegt ein Lösungsbild.

Puzzle

Halbschriftliche Multiplikation – Lösungen

8 A

<table>
<tr>
<td>3 · 39 = 117
3 · 30 = 90
3 · 9 = 27
117</td>
<td>2 · 79 = 158
2 · 70 = 140
2 · 9 = 18
158</td>
<td>7 · 28 = 196
7 · 20 = 140
7 · 8 = 56
196</td>
</tr>
<tr>
<td>3 · 94 = 282
3 · 90 = 270
3 · 4 = 12
282</td>
<td>8 · 36 = 288
8 · 30 = 240
8 · 6 = 48
288</td>
<td>5 · 65 = 325
5 · 60 = 300
5 · 5 = 25
325</td>
</tr>
<tr>
<td>4 · 83 = 332
4 · 80 = 320
4 · 3 = 12
332</td>
<td>6 · 58 = 348
6 · 50 = 300
6 · 8 = 48
348</td>
<td>4 · 92 = 368
4 · 90 = 360
4 · 2 = 8
368</td>
</tr>
<tr>
<td>9 · 43 = 387
9 · 40 = 360
9 · 3 = 27
387</td>
<td>5 · 87 = 435
5 · 80 = 400
5 · 7 = 35
435</td>
<td>9 · 64 = 576
9 · 60 = 540
9 · 4 = 36
576</td>
</tr>
</table>

Puzzle

Halbschriftliche Multiplikation

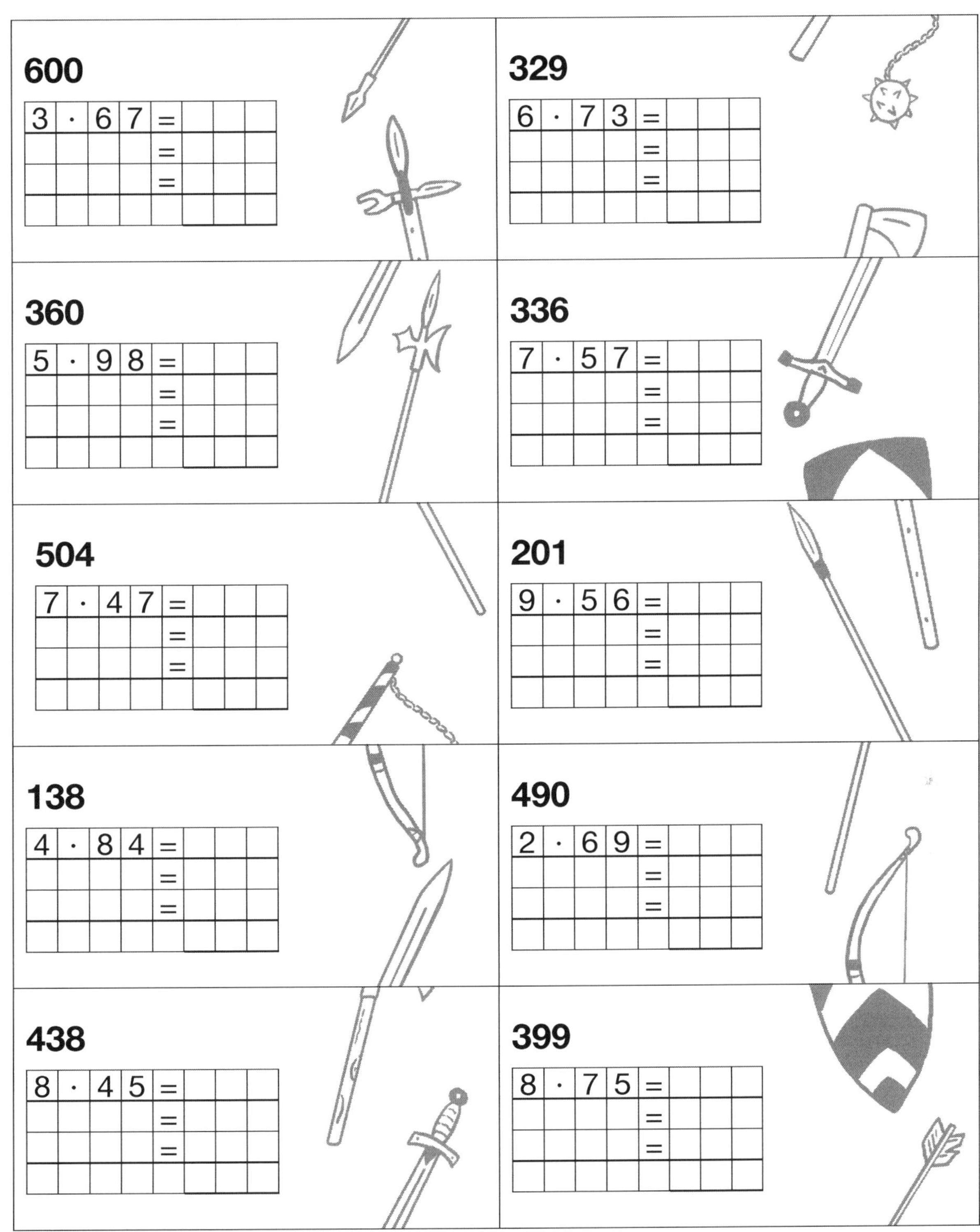

So geht's:

- Schneide die Dominoteile aus.
- Löse die Aufgabe auf einem beliebigen Dominoteil und suche die **Ergebniszahl** auf einem anderen Teil.
- Lege es unten an. Dort steht die nächste Aufgabe.
- **Selbstkontrolle:** Alle Dominoteile untereinander ergeben eine fortlaufende Reihe von Waffen.

Halbschriftliche Multiplikation – Lösungen

138

4	·	8	4	=	**3**	**3**	**6**
4	·	8	0	=	3	2	0
4	·		4	=		1	6
					3	3	6

336

7	·	5	7	=	**3**	**9**	**9**
7	·	5	0	=	3	5	0
7	·		7	=		4	9
					3	9	9

399

8	·	7	5	=	**6**	**0**	**0**
8	·	7	0	=	5	6	0
8	·		5	=		4	0
					6	0	0

600

3	·	6	7	=	**2**	**0**	**1**
3	·	6	0	=	1	8	0
3	·		7	=		2	1
					2	0	1

201

9	·	5	6	=	**5**	**0**	**4**
9	·	5	0	=	4	5	0
9	·		6	=		5	4
					5	0	4

504

7	·	4	7	=	**3**	**2**	**9**
7	·	4	0	=	2	8	0
7	·		7	=		4	9
					3	2	9

329

6	·	7	3	=	**4**	**3**	**8**
6	·	7	0	=	4	2	0
6	·		3	=		1	8
					4	3	8

438

8	·	4	5	=	**3**	**6**	**0**
8	·	4	0	=	3	2	0
8	·		5	=		4	0
					3	6	0

360

5	·	9	8	=	**4**	**9**	**0**
5	·	9	0	=	4	5	0
5	·		8	=		4	0
					4	9	0

490

2	·	6	9	=	**1**	**3**	**8**
2	·	6	0	=	1	2	0
2	·		9	=		1	8
					1	3	8

Halbschriftliche Multiplikation

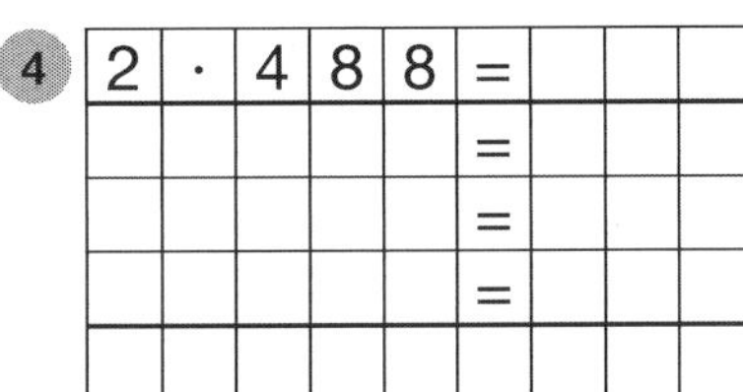

1. 4 · 243 = **972**
   4 · 200 = 800
   4 · 40 = 160
   4 · 3 = 12
   972

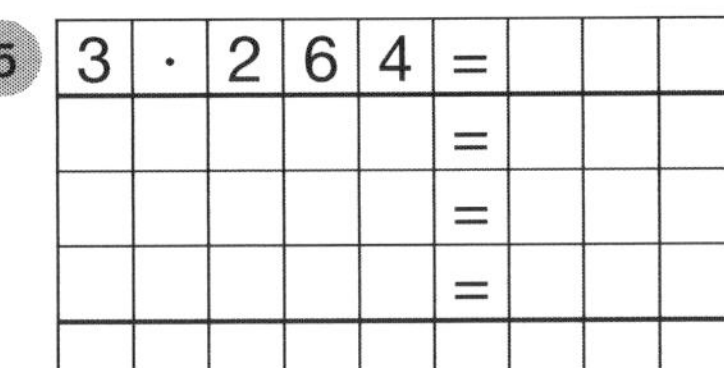

2. 4 · 248 =

3. 5 · 182 =

4. 2 · 488 =

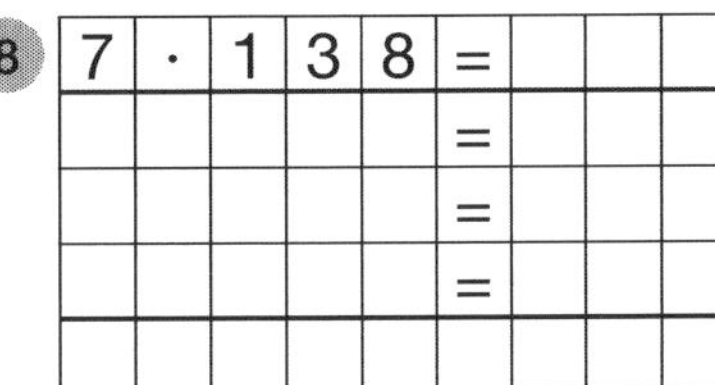

5. 3 · 264 =

6. 8 · 123 =

7. 5 · 167 =

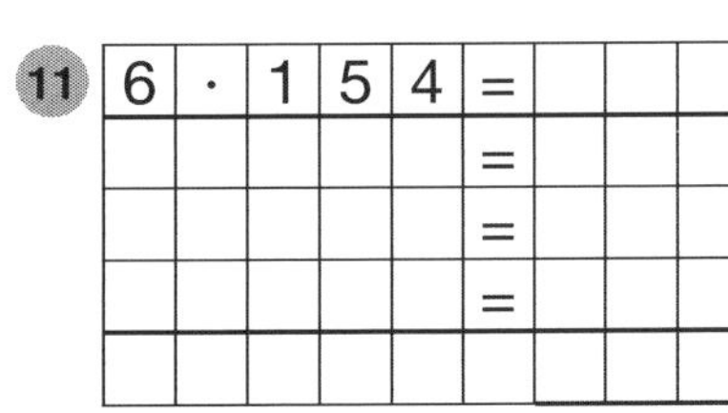

8. 7 · 138 =

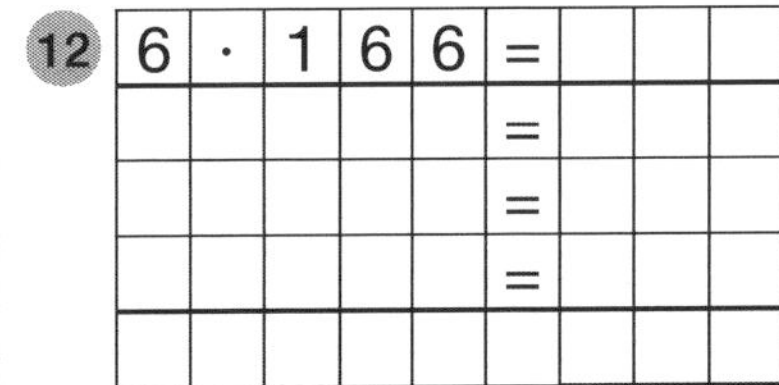

9. 3 · 274 =

10. 3 · 294 =

11. 6 · 154 =

12. 6 · 166 =

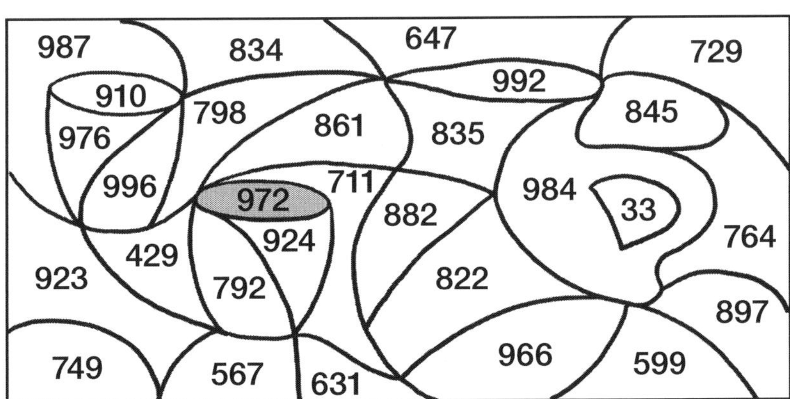

So geht's:

- Löse die Aufgaben und notiere die Ergebnisse.
- Suche die **Ergebniszahlen** im Bild und male nur diese Felder aus.
- **Selbstkontrolle**: Die ausgemalten Felder ergeben ein Lösungsbild.

Halbschriftliche Multiplikation – Lösungen

8 C

1

4	·	2	4	3	=	**9**	**7**	**2**
4	·	2	0	0	=	8	0	0
4	·		4	0	=	1	6	0
4	·			3	=		1	2
						9	7	2

2

4	·	2	4	8	=	**9**	**9**	**2**
4	·	2	0	0	=	8	0	0
4	·		4	0	=	1	6	0
4	·			8	=		3	2
						9	9	2

3

5	·	1	8	2	=	**9**	**1**	**0**
5	·	1	0	0	=	5	0	0
5	·		8	0	=	4	0	0
5	·			2	=		1	0
						9	1	0

4

2	·	4	8	8	=	**9**	**7**	**6**
2	·	4	0	0	=	8	0	0
2	·		8	0	=	1	6	0
2	·			8	=		1	6
						9	7	6

5

3	·	2	6	4	=	**7**	**9**	**2**
3	·	2	0	0	=	6	0	0
3	·		6	0	=	1	8	0
3	·			4	=		1	2
						7	9	2

6

8	·	1	2	3	=	**9**	**8**	**4**
8	·	1	0	0	=	8	0	0
8	·		2	0	=	1	6	0
8	·			3	=		2	4
						9	8	4

7

5	·	1	6	7	=	**8**	**3**	**5**
5	·	1	0	0	=	5	0	0
5	·		6	0	=	3	0	0
5	·			7	=		3	5
						8	3	5

8

7	·	1	3	8	=	**9**	**6**	**6**
7	·	1	0	0	=	7	0	0
7	·		3	0	=	2	1	0
7	·			8	=		5	6
						9	6	6

9

3	·	2	7	4	=	**8**	**2**	**2**
3	·	2	0	0	=	6	0	0
3	·		7	0	=	2	1	0
3	·			4	=		1	2
						8	2	2

10

3	·	2	9	4	=	**8**	**8**	**2**
3	·	2	0	0	=	6	0	0
3	·		9	0	=	2	7	0
3	·			4	=		1	2
						8	8	2

11

6	·	1	5	4	=	**9**	**2**	**4**
6	·	1	0	0	=	6	0	0
6	·		5	0	=	3	0	0
6	·			4	=		2	4
						9	2	4

12

6	·	1	6	6	=	**9**	**9**	**6**
6	·	1	0	0	=	6	0	0
6	·		6	0	=	3	6	0
6	·			6	=		3	6
						9	9	6

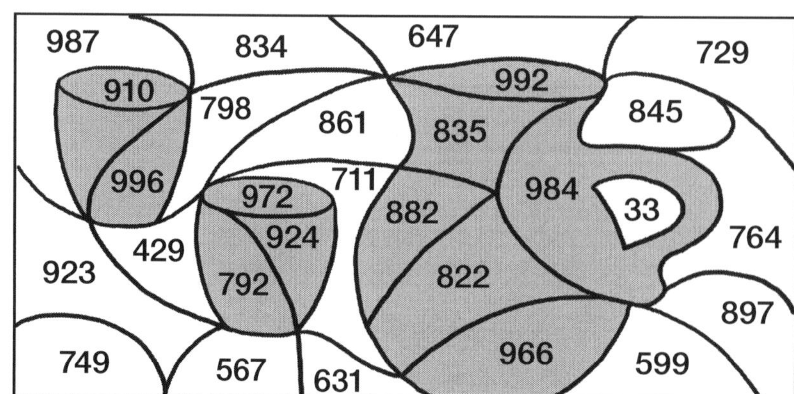

Ausmalen

Halbschriftliche Multiplikation

8 D

1 7 · 24 · 5 = **840** **EINE**

7	·	2	4	=	1	6	8						
7	·	2	0	=	1	4	0						
7	·		4	=		2	8						
					1	6	8	·	5	=	8	4	0
					1	0	0	·	5	=	5	0	0
						6	0	·	5	=	3	0	0
							8	·	5	=		4	0
											8	4	0

2 4 · 64 · 3 = ______

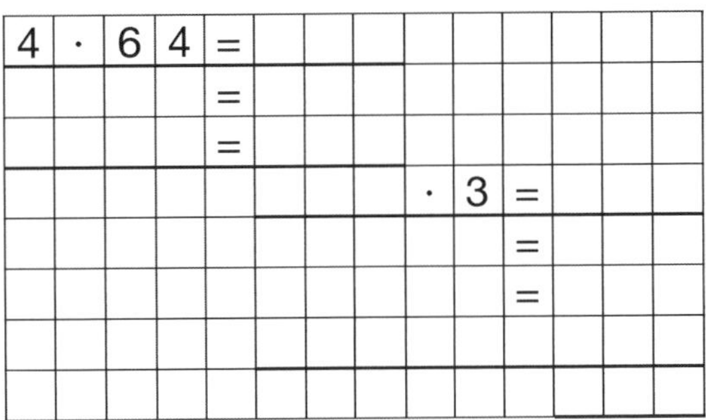

3 5 · 27 · 6 = ______

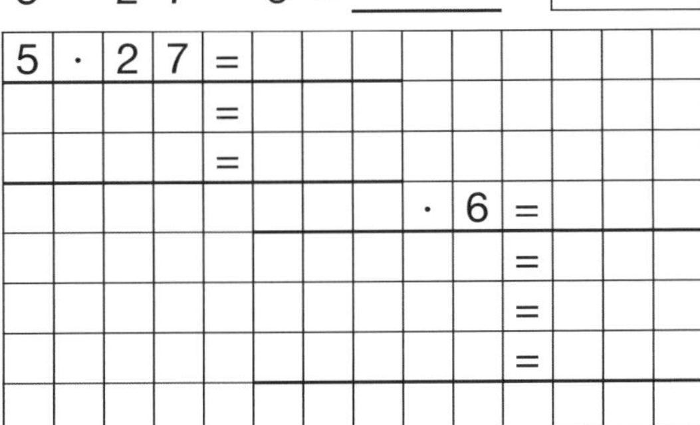

4 3 · 44 · 7 = ______

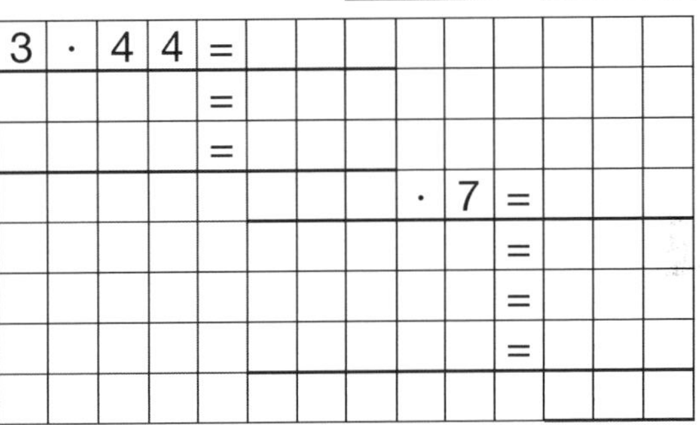

5 3 · 39 · 8 = ______

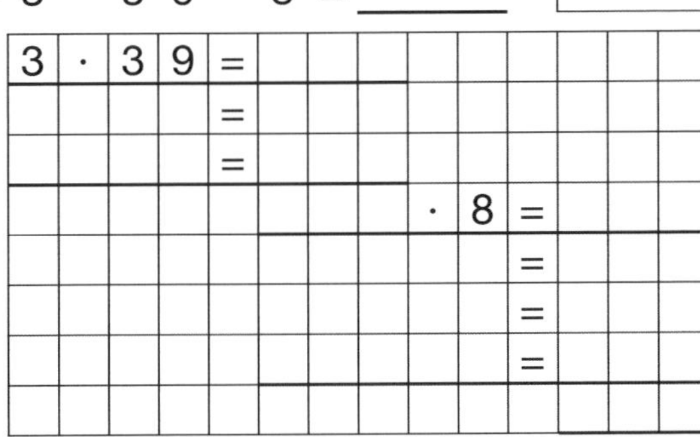

6 5 · 47 · 4 = ______

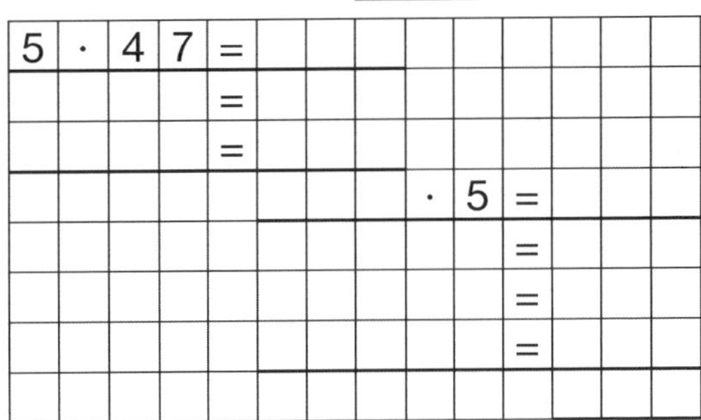

Schlüssel:

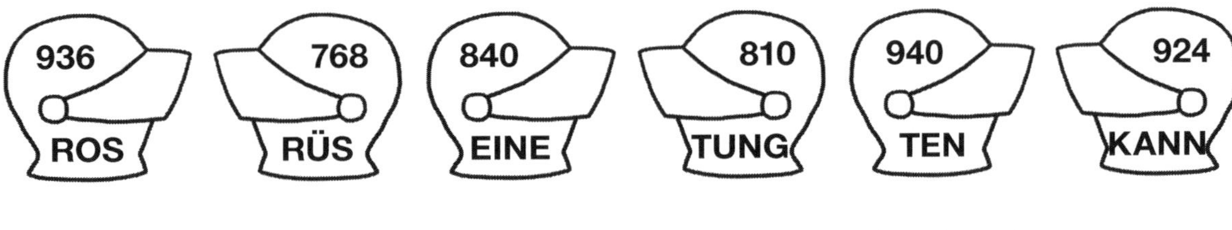

Lösung: EINE 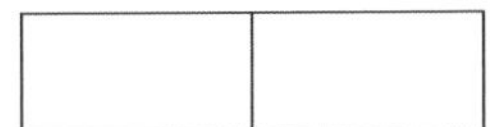  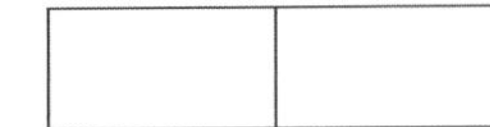 .

So geht's:

- Löse die Aufgaben und notiere die Ergebnisse.
- Suche die Buchstaben zu den **Ergebniszahlen** im Schlüssel.
- Trage die entsprechenden Buchstaben hinter den Ergebnissen (in die Kästchen) und der Reihe nach bei „Lösung" ein.
- **Selbstkontrolle**: Die Lösung verrät dir eine Tatsache, die den Rittern nicht gefiel.

Halbschriftliche Multiplikation – Lösungen

8 D

1 7 · 2 4 · 5 = **8 4 0** **EINE**

7	·	2	4	=	1	6	8						
7	·	2	0	=	1	4	0						
7	·		4	=		2	8						
					1	6	8	·	5	=	8	4	0
					1	0	0	·	5	=	5	0	0
						6	0	·	5	=	3	0	0
							8	·	5	=		4	0
											8	4	0

2 4 · 6 4 · 3 = **7 6 8** **RÜS**

4	·	6	4	=	2	5	6						
4	·	6	0	=	2	4	0						
4	·		4	=		1	6						
					2	5	6	·	3	=	7	6	8
					2	0	0	·	3	=	6	0	0
						5	0	·	3	=	1	5	0
							6	·	3			1	8
											7	6	8

3 5 · 2 7 · 6 = **8 1 0** **TUNG**

5	·	2	7	=	1	3	5						
5	·	2	0	=	1	0	0						
5	·		7	=		3	5						
					1	3	5	·	6	=	8	1	0
					1	0	0	·	6	=	6	0	0
						3	0	·	6	=	1	8	0
							5	·	6	=		3	0
											8	1	0

4 3 · 4 4 · 7 = **9 2 4** **KANN**

3	·	4	4	=	1	3	2						
3	·	4	0	=	1	2	0						
3	·		4	=		1	2						
					1	3	2	·	7	=	9	2	4
					1	0	0	·	7	=	7	0	0
						3	0	·	7	=	2	1	0
							2	·	7	=		1	4
											9	2	4

5 3 · 3 9 · 8 = **9 3 6** **ROS**

3	·	3	9	=	1	1	7						
3	·	3	0	=		9	0						
3	·		9	=		2	7						
					1	1	7	·	8	=	9	3	6
					1	0	0	·	8	=	8	0	0
						1	0	·	8	=		8	0
							7	·	8	=		5	6
											9	3	6

6 5 · 4 7 · 4 = **9 4 0** **TEN**

5	·	4	7	=	2	3	5						
5	·	4	0	=	2	0	0						
5	·		7	=		3	5						
					2	3	5	·	4	=	9	4	0
					2	0	0	·	4	=	8	0	0
						3	0	·	4	=	1	2	0
							5	·	4	=		2	0
											9	4	0

Lösung: EINE RÜS TUNG KANN ROS TEN.

Geheimschrift

Halbschriftliche Division

9 A

	9	6	:	8	=		
	8	0	:	8	=	1	0
	1	6	:	8	=		2
						1	2

1

	9	6	:	8	=	1	2
	8	0	:	8	=	1	0
	1	6	:	8	=		2
						1	2

2 144 : 6 =

3 68 : 4 =

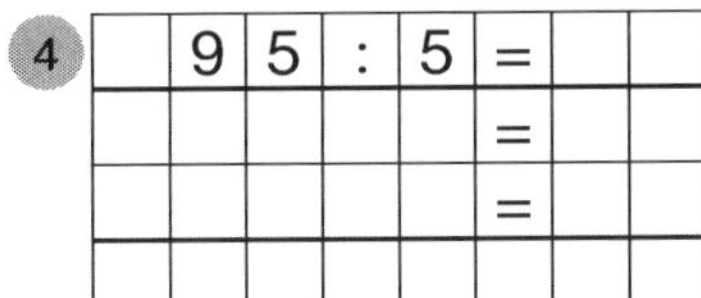

4 95 : 5 =

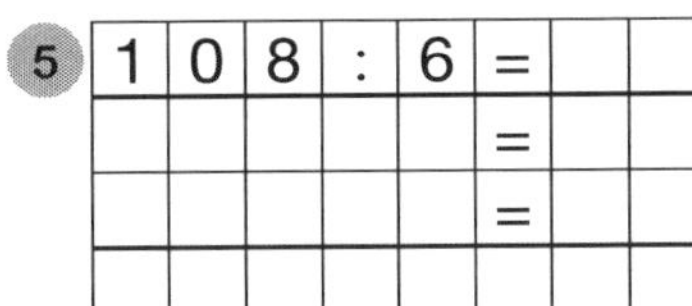

5 108 : 6 =

6 128 : 8 =

7 176 : 8 =

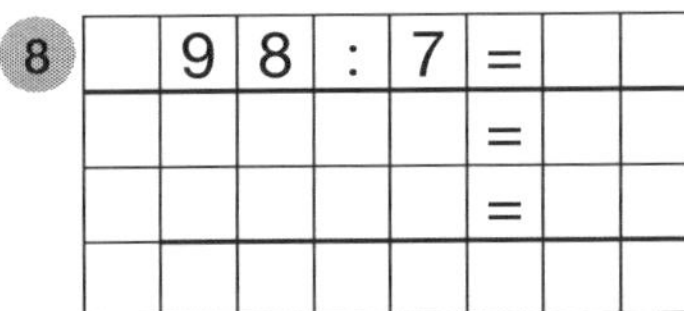

8 98 : 7 =

9 78 : 6 =

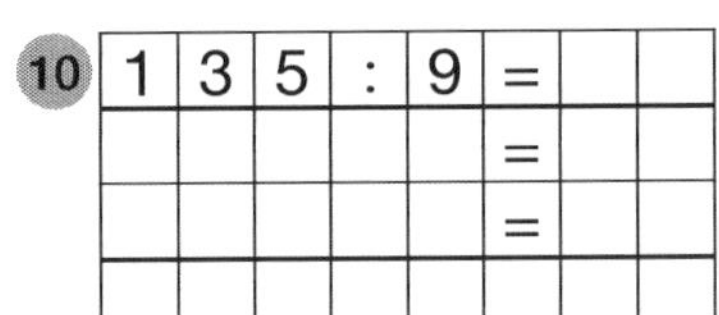

10 135 : 9 =

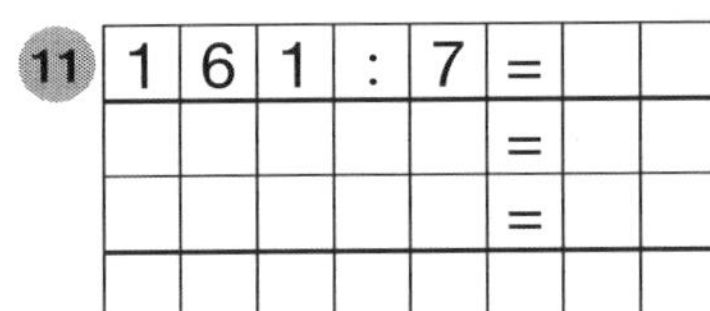

11 161 : 7 =

12 108 : 9 =

24• 25 30• 21 23• 15• 11 8•

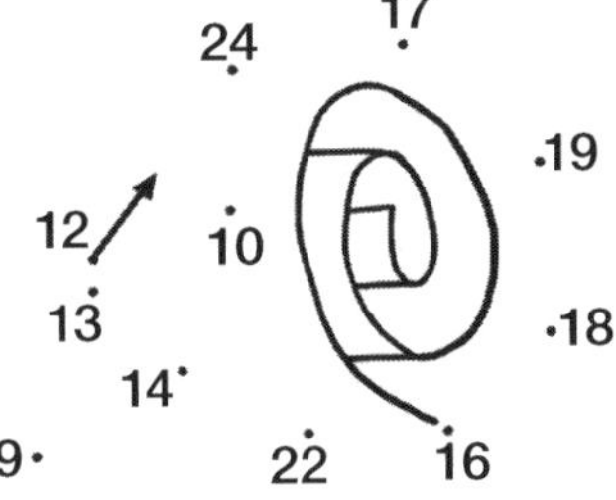

So geht's:

- Löse die Aufgaben und notiere die Ergebnisse.
- Suche die **Ergebniszahlen** im Bild und verbinde die Punkte in der Reihenfolge der Aufgaben (Lineal).
- **Selbstkontrolle:** Die verbundenen Linien ergeben ein Lösungsbild.

Bild aus Punkten

Halbschriftliche Division – Lösungen

9 A

1

	9	6	:	8	=	**1**	**2**
	8	0	:	8	=	1	0
	1	6	:	8	=		2
						1	2

2

1	4	4	:	6	=	**2**	**4**
1	2	0	:	6	=	2	0
	2	4	:	6	=		4
						2	4

3

	6	8	:	4	=	**1**	**7**
	4	0	:	4	=	1	0
	2	8	:	4	=		7
						1	7

4

	9	5	:	5	=	**1**	**9**
	5	0	:	5	=	1	0
	4	5	:	5	=		9
						1	9

5

1	0	8	:	6	=	**1**	**8**
	6	0	:	6	=	1	0
	4	8	:	6	=		8
						1	8

6

1	2	8	:	8	=	**1**	**6**
	8	0	:	8	=	1	0
	4	8	:	8	=		6
						1	6

7

1	7	6	:	8	=	**2**	**2**
1	6	0	:	8	=	2	0
	1	6	:	8	=		2
						2	2

8

	9	8	:	7	=	**1**	**4**
	7	0	:	7	=	1	0
	2	8	:	7	=		4
						1	4

9

	7	8	:	6	=	**1**	**3**
	6	0	:	6	=	1	0
	1	8	:	6	=		3
						1	3

10

1	3	5	:	9	=	**1**	**5**
	9	0	:	9	=	1	0
	4	5	:	9	=		5
						1	5

11

1	6	1	:	7	=	**2**	**3**
1	4	0	:	7	=	2	0
	2	1	:	7	=		3
						2	3

12

1	0	8	:	9	=	**1**	**2**
	9	0	:	9	=	1	0
	1	8	:	9	=		2
						1	2

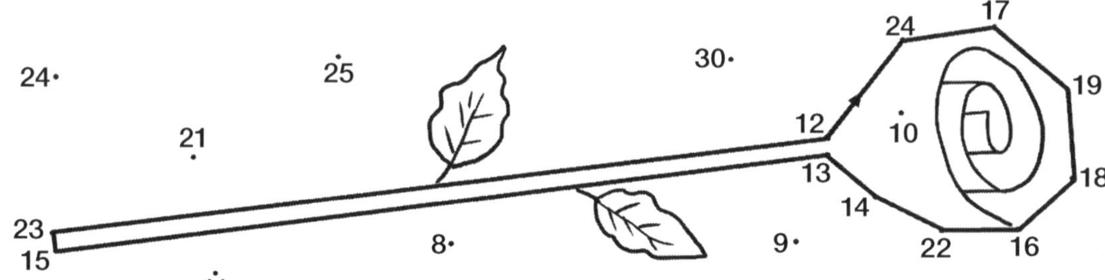

Bild aus Punkten

Halbschriftliche Division

9 B

8 9 2 : 4 =	8 1 5 : 5 =	8 4 6 : 6 =
8 2 8 : 2 =	5 8 5 : 5 =	7 8 4 : 7 =
6 7 2 : 3 =	9 7 6 : 8 =	8 4 7 : 7 =
7 4 8 : 4 =	8 0 4 : 6 =	9 2 4 : 6 =

So geht's:

- Löse die Aufgaben und notiere die Ergebnisse.
- Schneide die Puzzleteile aus.
- Lege die Puzzleteile in der Reihenfolge der **von dir errechneten Zahlen** (von der kleinsten zur größten) nebeneinander, immer 3 in eine Reihe.
- **Selbstkontrolle**: Alle Teile ergeben zusammengelegt ein Lösungsbild.

Puzzle

Halbschriftliche Division – Lösungen

9 B

784 : 7 = **112** 700 : 7 = 100 70 : 7 = 10 14 : 7 = 2 112	585 : 5 = **117** 500 : 5 = 100 50 : 5 = 10 35 : 5 = 7 117	847 : 7 = **121** 700 : 7 = 100 140 : 7 = 20 7 : 7 = 1 121
976 : 8 = **122** 800 : 8 = 100 160 : 8 = 20 16 : 8 = 2 122	804 : 6 = **134** 600 : 6 = 100 180 : 6 = 30 24 : 6 = 4 134	846 : 6 = **141** 600 : 6 = 100 240 : 6 = 40 6 : 6 = 1 141
924 : 6 = **154** 600 : 6 = 100 300 : 6 = 50 24 : 6 = 4 154	815 : 5 = **163** 500 : 5 = 100 300 : 5 = 60 15 : 5 = 3 163	748 : 4 = **187** 400 : 4 = 100 320 : 4 = 80 28 : 4 = 7 187
892 : 4 = **223** 800 : 4 = 200 80 : 4 = 20 12 : 4 = 3 223	672 : 3 = **224** 600 : 3 = 200 60 : 3 = 20 12 : 3 = 4 224	828 : 2 = **414** 800 : 2 = 400 20 : 2 = 10 8 : 2 = 4 414

Puzzle

Halbschriftliche Division

9 C

1

5	1	8	:	7	=	**7**	**4**
4	9	0	:	7	=	7	0
	2	8	:	7	=		4
						7	4

B

2

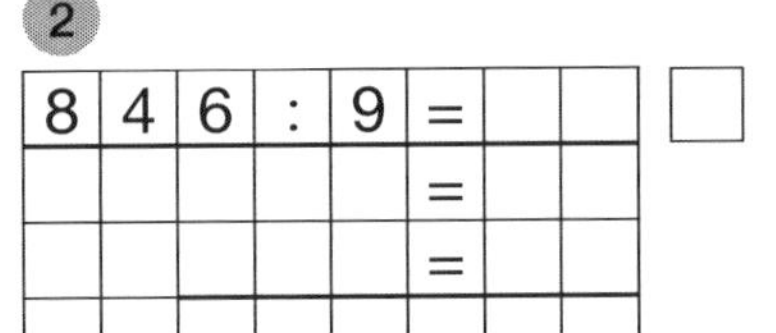

8	4	6	:	9	=		
					=		
					=		

3

4	2	5	:	5	=		
					=		
					=		

4

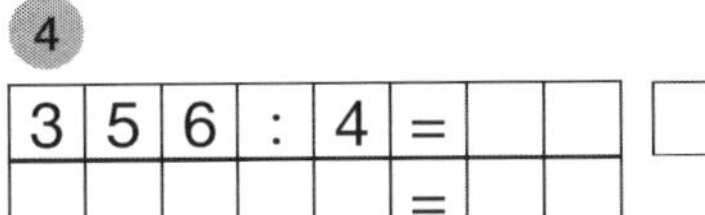

3	5	6	:	4	=		
					=		
					=		

5

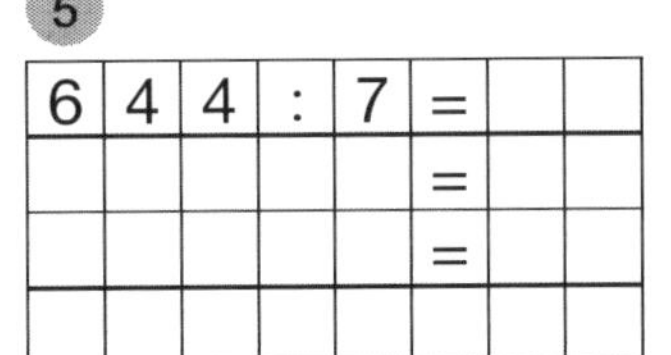

6	4	4	:	7	=		
					=		
					=		

6

6	8	0	:	8	=		
					=		
					=		

7

7	8	3	:	9	=		
					=		
					=		

8

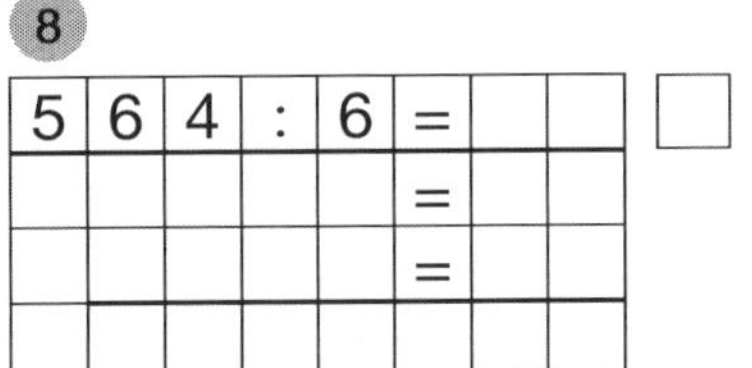

5	6	4	:	6	=		
					=		
					=		

9

4	8	0	:	5	=		
					=		
					=		

10

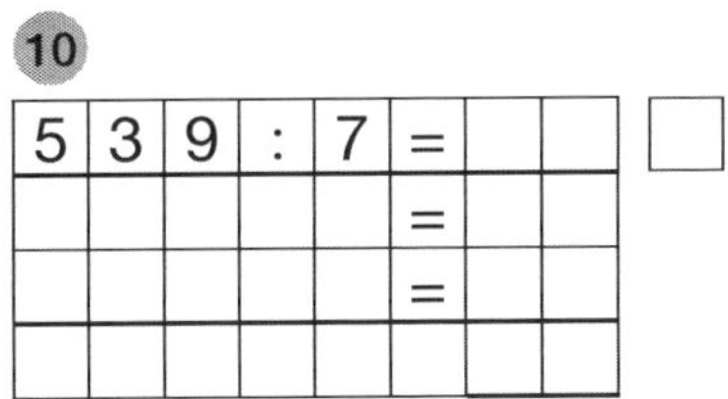

5	3	9	:	7	=		
					=		
					=		

11

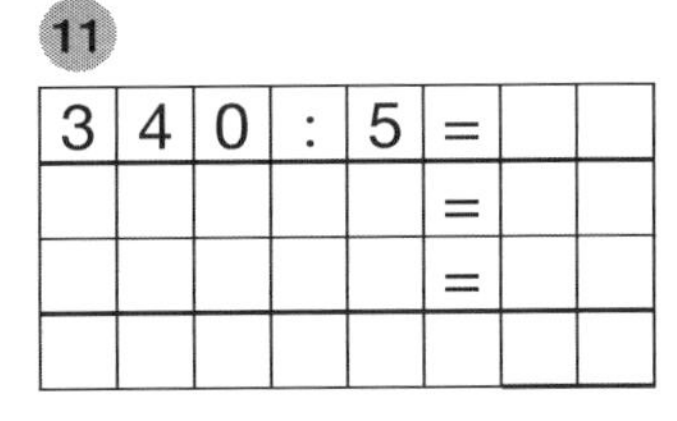

3	4	0	:	5	=		
					=		
					=		

12

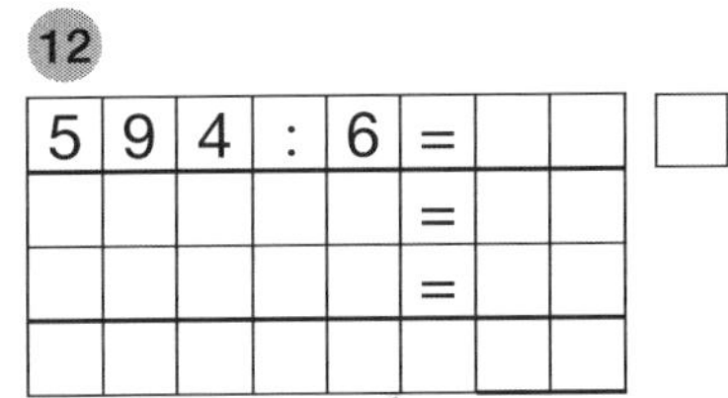

5	9	4	:	6	=		
					=		
					=		

Schlüssel:

Lösung:

B											

So geht's:

- Löse die Aufgaben und notiere die Ergebnisse.
- Suche die Buchstaben zu den **Ergebniszahlen** im Schlüssel.
- Trage die entsprechenden Buchstaben hinter den Ergebnissen (in die Kästchen) und der Reihe nach bei „Lösung" ein.
- **Selbstkontrolle**: Die Lösung verrät dir, wer auch auf der Burg lebte.

Geheimschrift

Halbschriftliche Division – Lösungen

9 C

1

5	1	8	:	7	=	**7**	**4**	**B**
4	9	0	:	7	=	7	0	
	2	8	:	7	=		4	
						7	4	

2

8	4	6	:	9	=	**9**	**4**	**U**
8	1	0	:	9	=	9	0	
	3	6	:	9	=		4	
						9	4	

3

4	2	5	:	5	=	**8**	**5**	**R**
4	0	0	:	5	=	8	0	
	2	5	:	5	=		5	
						8	5	

4

3	5	6	:	4	=	**8**	**9**	**G**
3	2	0	:	4	=	8	0	
	3	6	:	4	=		9	
						8	9	

5

6	4	4	:	7	=	**9**	**2**	**F**
6	3	0	:	7	=	9	0	
	1	4	:	7	=		2	
						9	2	

6

6	8	0	:	8	=	**8**	**5**	**R**
6	4	0	:	8	=	8	0	
	4	0	:	8	=		5	
						8	5	

7

7	8	3	:	9	=	**8**	**7**	**Ä**
7	2	0	:	9	=	8	0	
	6	3	:	9	=		7	
						8	7	

8

5	6	4	:	6	=	**9**	**4**	**U**
5	4	0	:	6	=	9	0	
	2	4	:	6	=		4	
						9	4	

9

4	8	0	:	5	=	**9**	**6**	**L**
4	5	0	:	5	=	9	0	
	3	0	:	5	=		6	
						9	6	

10

5	3	9	:	7	=	**7**	**7**	**E**
4	9	0	:	7	=	7	0	
	4	9	:	7	=		7	
						7	7	

11

3	4	0	:	5	=	**6**	**8**	**I**
3	0	0	:	5	=	6	0	
	4	0	:	5	=		8	
						6	8	

12

5	9	4	:	6	=	**9**	**9**	**N**
5	4	0	:	6	=	9	0	
	5	4	:	6	=		9	
						9	9	

Lösung:

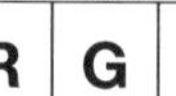

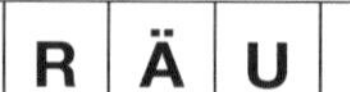

B	U	R	G	F	R	Ä	U	L	E	I	N

Geheimschrift

Halbschriftliche Division

1

9 8 4 : 4 : 6 = ______

9	8	4	:	4	=	**2**	**4**	**6**
8	0	0	:	4	=	2	0	0
1	6	0	:	4	=		4	0
	2	4	:	4	=			6

2 4 6 : 6 = ___

=

=

2

8 7 5 : 5 : 7 = ______

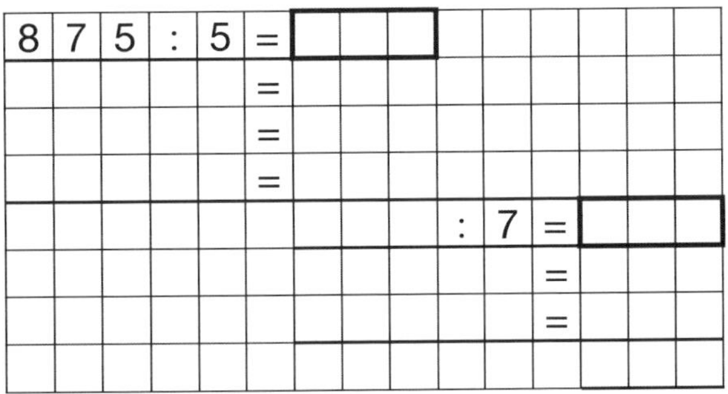

3

8 8 8 : 3 : 8 = ______

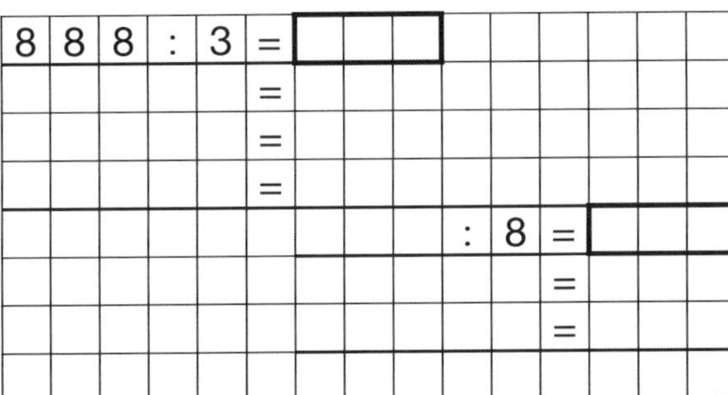

4

9 6 6 : 3 : 7 = ______

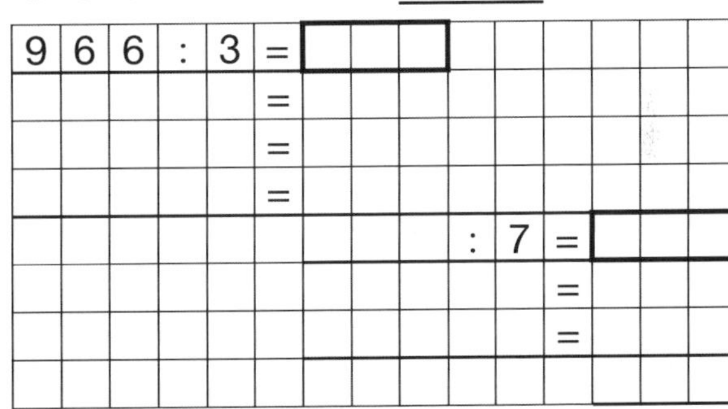

5

8 7 0 : 6 : 5 = ______

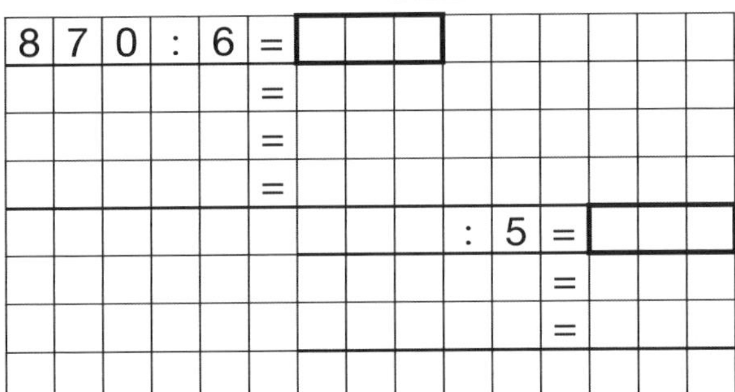

6

9 5 2 : 7 : 4 = ______

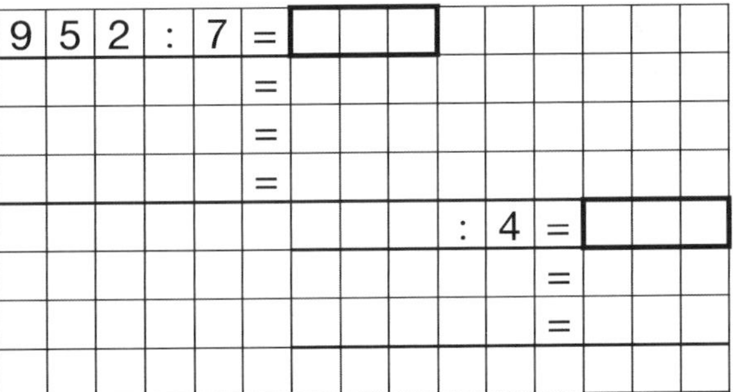

71 177 320 250 29 37
39 25 322 296 145 34 246 136 41 175 11
10 132 312 14 140 248 157 46

So geht's:

- Löse die Aufgaben und notiere die Ergebnisse.
- Suche die **eingerahmten Ergebniszahlen** im Bild und male nur diese Felder aus.
- **Selbstkontrolle**: Die ausgemalten Felder ergeben ein Lösungsbild.

Halbschriftliche Division – Lösungen

9 D

1

9 8 4 : 4 : 6 = **41**

9	8	4	:	4	=	**2**	**4**	**6**						
8	0	0	:	4	=	2	0	0						
1	6	0	:	4	=		4	0						
	2	4	:	4	=			6						
						2	4	6	:	6	=		**4**	**1**
						2	4	0	:	6	=		4	0
								6	:	6	=			1
													4	1

2

8 7 5 : 5 : 7 = **25**

8	7	5	:	5	=	**1**	**7**	**5**						
5	0	0	:	5	=	1	0	0						
3	5	0	:	5	=		7	0						
	2	5	:	5	=			5						
						1	7	5	:	7	=		**2**	**5**
						1	4	0	:	7	=		2	0
							3	5	:	7	=			5
													2	5

3

8 8 8 : 3 : 8 = **37**

8	8	8	:	3	=	**2**	**9**	**6**						
6	0	0	:	3	=	2	0	0						
2	7	0	:	3	=		9	0						
	1	8	:	3	=			6						
						2	9	6	:	8	=		**3**	**7**
						2	4	0	:	8	=		3	0
							5	6	:	8	=			7
													3	7

4

9 6 6 : 3 : 7 = **46**

9	6	6	:	3	=	**3**	**2**	**2**						
9	0	0	:	3	=	3	0	0						
	6	0	:	3	=		2	0						
		6	:	3	=			2						
						3	2	2	:	7	=		**4**	**6**
						2	8	0	:	7	=		4	0
							4	2	:	7	=			6
													4	6

5

8 7 0 : 6 : 5 = **29**

8	7	0	:	6	=	**1**	**4**	**5**						
6	0	0	:	6	=	1	0	0						
2	4	0	:	6	=		4	0						
	3	0	:	6	=			5						
						1	4	5	:	5	=		**2**	**9**
						1	0	0	:	5	=		2	0
							4	5	:	5	=			9
													2	9

6

9 5 2 : 7 : 4 = **34**

9	5	2	:	7	=	**1**	**3**	**6**						
7	0	0	:	7	=	1	0	0						
2	1	0	:	7	=		3	0						
	4	2	:	7	=			6						
						1	3	6	:	4	=		**3**	**4**
						1	2	0	:	4	=		3	0
							1	6	:	4	=			4
													3	4

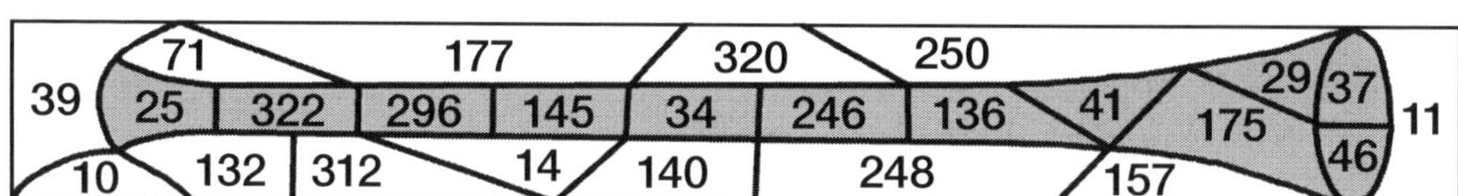

Ausmalen

Sachaufgaben: Geld (€, Ct)

10 A

1 Wie viel kostet eine rostfreie Rüstung mit Schwert und Schild?

	3	9	8
+			
+			

A: Sie kostet _______ €. **DER**

2 Wie viel kostet eine einfache Rüstung mit Schwert und Schild?

A: Sie kostet _______ €. **IN**

3 Wie viel beträgt der Preisunterschied zwischen einer kompletten Ausrüstung und einer rostfreien Rüstung?

A: Er beträgt _______ €. **TER**

4 Wie viel beträgt der Preisunterschied zwischen einer kompletten Ausrüstung und einer einfachen Rüstung?

A: Er beträgt _______ €. **FOL**

5 Wie viel kosten 5 Schwerter?

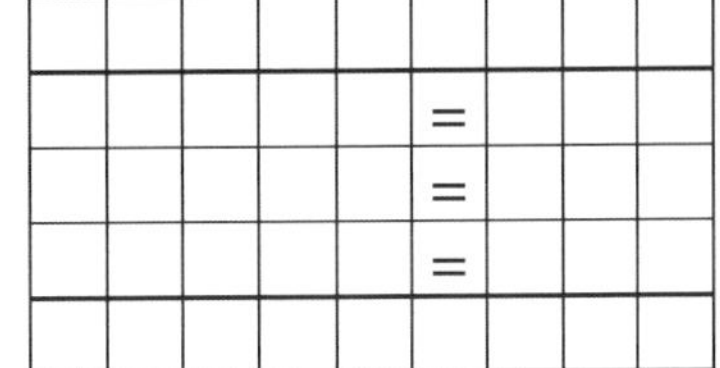

A: Sie kosten _______ €. **MER**

6 Sonderangebot!
3 Schilde nur 423 €!

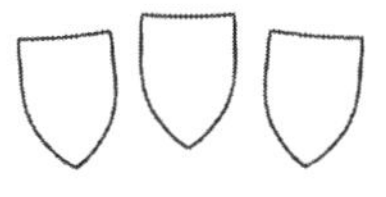

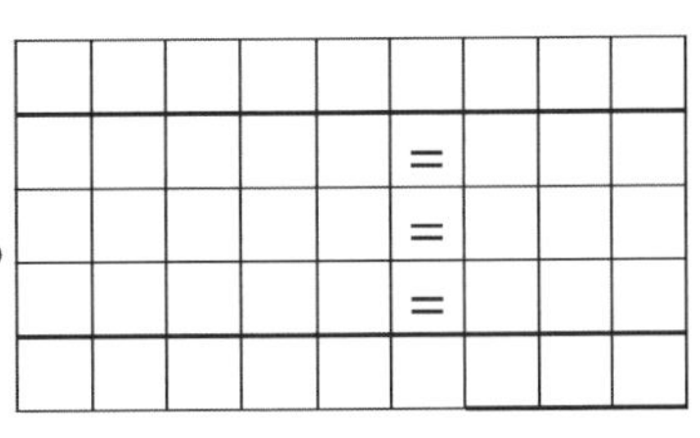

Wie viel kostet **ein** Schild im Angebot?

A: Es kostet _______ €. **KAM**

Rittershop

Einfache Rüstung 319 €

Schwert 174 €

Schild 156 €

Rostfreie Rüstung 398 €

Komplette Ausrüstung 729 €

Lösung:

649	728	410	331	141	870

So geht's:

- Löse die Aufgaben und notiere die Ergebnisse in die Antworten.
- Suche die **Ergebniszahlen** in der „Lösung" und trage die dazu passenden Wörter oder Silben (oben eingerahmt) bei „Lösung" ein.
- **Selbstkontrolle**: Die Lösung verrät dir, wo man die Bösen fand.

Geheimschrift

Sachaufgaben: Geld (€, Ct) – Lösungen

1 Wie viel kostet eine rostfreie Rüstung mit Schwert und Schild?

	3	9	8
+	1	7	4
+	1	5	6
	2	1	
	7	**2**	**8**

A: Sie kostet **728** €. **DER**

2 Wie viel kostet eine einfache Rüstung mit Schwert und Schild?

	3	1	9
+	1	7	4
+	1	5	6
	1	1	
	6	**4**	**9**

A: Sie kostet **649** €. **IN**

3 Wie viel beträgt der Preisunterschied zwischen einer kompletten Ausrüstung und einer rostfreien Rüstung?

	7	2	9
–	3	9	8
	3	**3**	**1**

A: Er beträgt **331** €. **TER**

4 Wie viel beträgt der Preisunterschied zwischen einer kompletten Ausrüstung und einer einfachen Rüstung?

	7	2	9
–	3	1	9
	4	**1**	**0**

A: Er beträgt **410** €. **FOL**

5 Wie viel kosten 5 Schwerter?

5	·	1	7	4	=	**8**	**7**	**0**
5	·	1	0	0	=	5	0	0
5	·		7	0	=	3	5	0
5	·			4	=		2	0
						8	7	0

A: Sie kosten **870** €. **MER**

6 **Sonderangebot!**
3 Schilde nur 423 €!

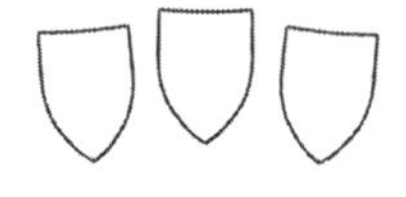

Wie viel kostet **ein** Schild im Angebot?

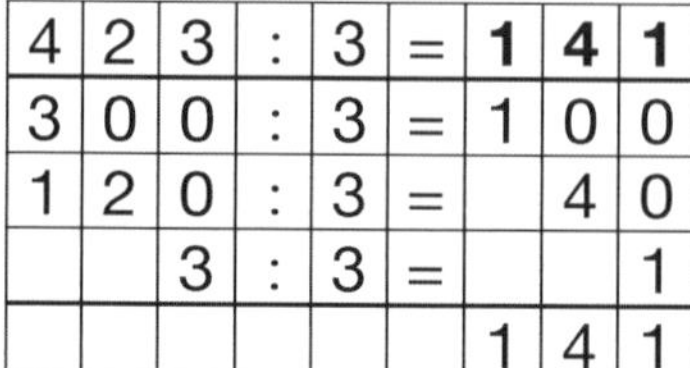

4	2	3	:	3	=	**1**	**4**	**1**
3	0	0	:	3	=	1	0	0
1	2	0	:	3	=		4	0
		3	:	3	=			1
						1	4	1

A: Es kostet **141** €. **KAM**

Rittershop

Einfache Rüstung

319 €

Schwert

174 €

Schild

156 €

Rostfreie Rüstung

398 €

Komplette Ausrüstung

729 €

Lösung:

649	728	410	331	141	870
IN	DER	FOL	TER	KAM	MER

Geheimschrift

Sachaufgaben: Längen (km, m, cm)

Ausflug zur Burgruine Drachenfels

1 Anna plant mit ihren Eltern und ihren zwei Brüdern eine Reise von Frankfurt zur Burgruine auf dem Drachenfels am Rhein.

a) Mit dem Auto ist die Strecke 162 km lang. Wie viele km legen sie bei Hin- und Rückfahrt mit dem Auto zurück?

A: Sie legen _______ **km** zurück.

b) Mit der Bahn ist die Hin- und Rückfahrt zusammen 38 km kürzer. Wie lang ist nur der Hinweg?

A: Der Hinweg ist _______ **km** lang.

2 Der Drachenfels hat eine Höhe von 321 m (über dem Meeresspiegel).

a) Das Rheintal hat an dieser Stelle eine Höhe von 57 m (ü. d. M.). Um wie viel Meter liegt der Gipfel des Drachenfels über dem Rheintal?

A: Der Gipfel liegt _______ **m** über dem Rheintal.

b) Der Turm der Burgruine auf dem Gipfel ist 25 m hoch. Wie hoch ist der Turm vom Meeresspiegel aus?

A: Der Turm liegt _______ **m** über dem Meeresspiegel.

c) Vor dem Bergsturz von 1788 war die Burg genau 19 m breit. Jetzt ist sie nur noch 9 m 20 cm breit. Wie viel cm der Burg sind damals abgestürzt?

A: Beim Bergsturz sind _______ **cm** abgestürzt.

3 Auf den Drachenfels fährt eine der ältesten Zahnradbahnen Deutschlands. Die Strecke ist 1 km 500 m lang.

a) Wie viele km ist eine Berg- und Talfahrt lang?

A: Eine Berg- und Talfahrt ist _______ **km** lang.

b) Im Monat fährt die Bahn die Strecke 265-mal. Wie viele km legt sie dabei zurück?

A: Die Bahn legt im Monat _______ **km** zurück.

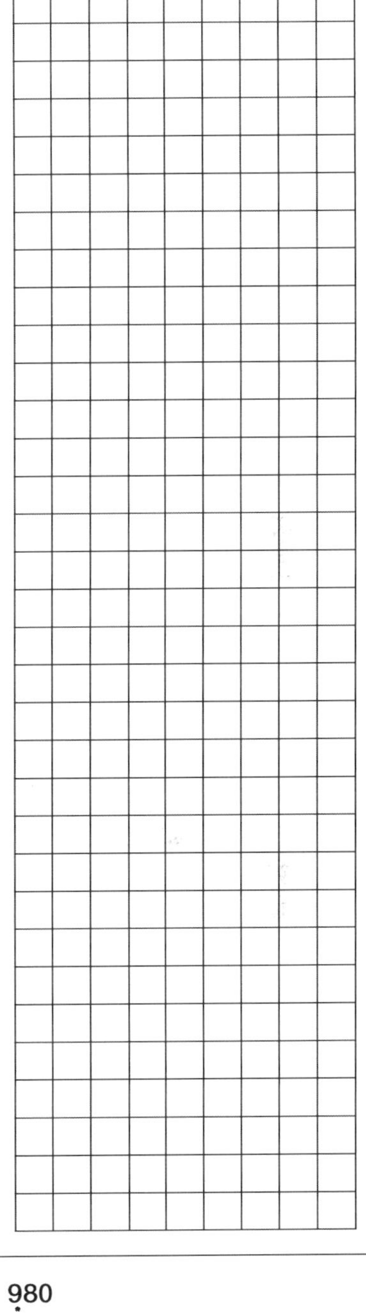

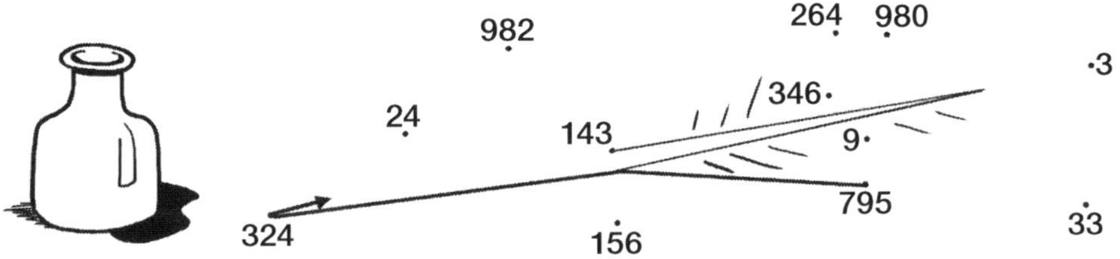

So geht's:

- Löse die Aufgaben und notiere die Ergebnisse in die Antworten.
- Suche die **Ergebniszahlen** im Bild und verbinde die Punkte in der Reihenfolge der Aufgaben (Lineal).
- **Selbstkontrolle:** Die verbundenen Linien ergeben ein Lösungsbild.

Bild aus Punkten

Sachaufgaben: Längen (km, m, cm) – Lösungen

10 B

Ausflug zur Burgruine Drachenfels

1 Anna plant mit ihren Eltern und ihren zwei Brüdern eine Reise von Frankfurt zur Burgruine auf dem Drachenfels am Rhein.

a) Mit dem Auto ist die Strecke 162 km lang. Wie viele km legen sie bei Hin- und Rückfahrt mit dem Auto zurück?

A: Sie legen **324** **km** zurück.

b) Mit der Bahn ist die Hin- und Rückfahrt zusammen 38 km kürzer. Wie lang ist nur der Hinweg?

A: Der Hinweg ist **143** **km** lang.

	1	6	2			3	2	4
+	1	6	2		−		3	8
	1							
	3	**2**	**4**			2	8	6
2	8	6	:	2	=	**1**	**4**	**3**
2	0	0	:	2	=	1	0	0
	8	0	:	2	=		4	0
		6	:	2	=			3
						1	4	3

2 Der Drachenfels hat eine Höhe von 321 m (über dem Meeresspiegel).

a) Das Rheintal hat an dieser Stelle eine Höhe von 57 m (ü. d. M.). Um wie viel Meter liegt der Gipfel des Drachenfels über dem Rheintal?

A: Der Gipfel liegt **264** **m** über dem Rheintal.

b) Der Turm der Burgruine auf dem Gipfel ist 25 m hoch. Wie hoch ist der Turm vom Meeresspiegel aus?

A: Der Turm liegt **346** **m** über dem Meeresspiegel.

c) Vor dem Bergsturz von 1788 war die Burg genau 19 m breit. Jetzt ist sie nur noch 9 m 20 cm breit. Wie viel cm der Burg sind damals abgestürzt?

A: Beim Bergsturz sind **980** **cm** abgestürzt.

	3	2	1			3	2	1
−		5	7		+		2	5
	2	**6**	**4**			**3**	**4**	**6**
	1	9	0	0				
−		9	2	0				
		9	**8**	**0**				

3 Auf den Drachenfels fährt eine der ältesten Zahnradbahnen Deutschlands. Die Strecke ist 1 km 500 m lang.

a) Wie viele km ist eine Berg- und Talfahrt lang?

A: Eine Berg- und Talfahrt ist **3** **km** lang.

b) Im Monat fährt die Bahn die Strecke 265-mal. Wie viele km legt sie dabei zurück?

A: Die Bahn legt im Monat **795** **km** zurück.

	1	5	0	0				
+	1	5	0	0				
	1							
	3	**0**	**0**	**0**				
2	6	5	·	3	=	**7**	**9**	**5**
2	0	0	·	3	=	6	0	0
	6	0	·	3	=	1	8	0
		5	·	3	=		1	5
						7	9	5

Bild aus Punkten

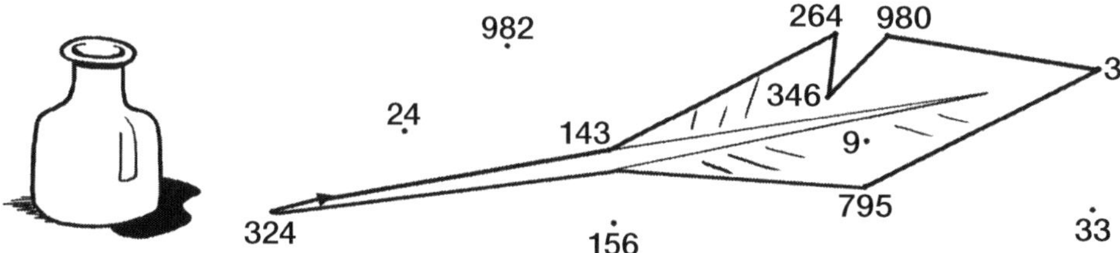

Sachaufgaben: Zeit (Jahr, Tag, h, min)

Burgruine Drachenfels

1. Vor 872 Jahren wurde mit dem Bau der Burg auf dem Drachenfels begonnen.

   a) Vor 845 Jahren war die Burg fertig. Wie lang wurde an der Burg gebaut?

   A: An der Burg wurde _______ **Jahre** gebaut.

   b) Vor 376 Jahren wurde die Burg von Soldaten zerstört. Wie lang wurde die Burg bewohnt?

   A: Die Burg wurde _______ **Jahre** bewohnt.

   c) Noch einmal 150 Jahre später beschädigte ein großer Bergsturz die Ruine. Wie lang ist das jetzt her?

   A: Der Bergsturz am Drachenfels war vor _______ **Jahren.**

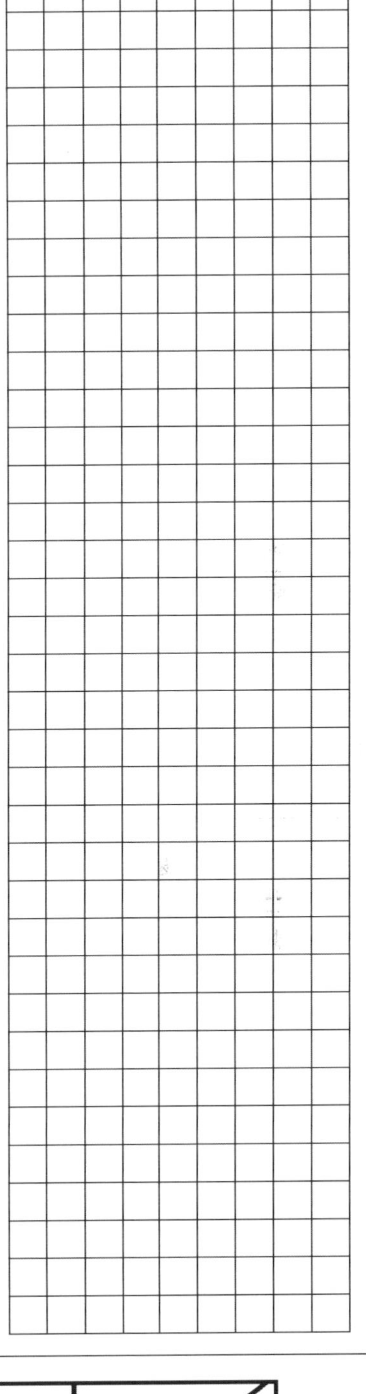

2. Anna besucht mit ihrer Familie die Burgruine.

   a) Sie fahren um 8.45 Uhr in Frankfurt los und sind um 11.10 Uhr unten am Drachenfels. Wie viele Minuten dauerte die Fahrt?

   A: Die Fahrt dauerte _______ **min.**

   b) Für die Wanderung auf den Berg brauchen sie genau 72 min. Wann sind sie auf dem Gipfel bei der Ruine?

   A: Um _______ **Uhr** sind sie auf dem Gipfel.

   c) Die Zahnradbahn zum Gipfel ist viermal so schnell wie Anna. Wie viele Minuten braucht die Bahn zum Gipfel?

   A: Die Bahn braucht _______ **min** bis zum Gipfel.

   d) Weil Anna mit ihrer Familie auf der Rückfahrt noch die Oma in Koblenz besucht, ist sie erst am nächsten Tag um 18 Uhr wieder zu Hause. Wie lang hat die Reise zum Drachenfels und zur Oma gedauert?

   A: Die Reise hat _______ **h** _______ **min** gedauert.

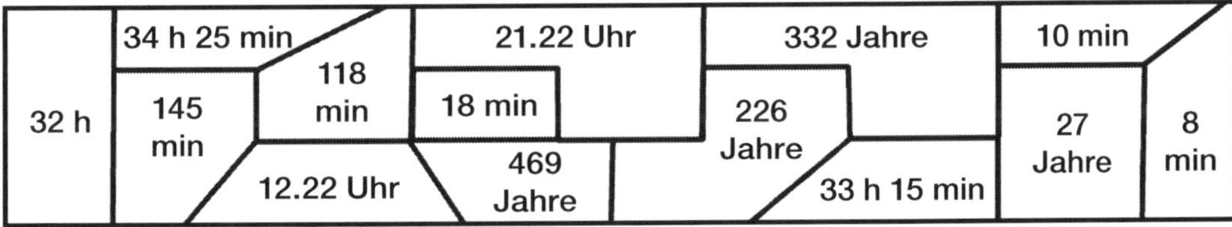

So geht's:

- Löse die Aufgaben und notiere die Ergebnisse in die Antworten.
- Suche die **Ergebniszahlen** im Bild und male nur diese Felder aus.
- **Selbstkontrolle**: Die ausgemalten Felder ergeben ein Lösungsbild.

Ausmalen

Sachaufgaben: Zeit (Jahr, Tag, h, min) – Lösungen

10 C

Burgruine Drachenfels

1 Vor 872 Jahren wurde mit dem Bau der Burg auf dem Drachenfels begonnen.

a) Vor 845 Jahren war die Burg fertig. Wie lang wurde an der Burg gebaut?

A: An der Burg wurde **27** **Jahre** gebaut.

b) Vor 376 Jahren wurde die Burg von Soldaten zerstört. Wie lang wurde die Burg bewohnt?

A: Die Burg wurde **469** **Jahre** bewohnt.

c) Noch einmal 150 Jahre später beschädigte ein großer Bergsturz die Ruine. Wie lang ist das jetzt her?

A: Der Bergsturz am Drachenfels war vor **226** **Jahren.**

	8	7	2			8	4	5
–	8	5	6		–	3	7	6
		2	**7**			**4**	**6**	**9**
	3	7	6					
–	1	5	0					
	2	**2**	**6**					

2 Anna besucht mit ihrer Familie die Burgruine.

a) Sie fahren um 8.45 Uhr in Frankfurt los und sind um 11.10 Uhr unten am Drachenfels. Wie viele Minuten dauerte die Fahrt?

A: Die Fahrt dauerte **145** **min.**

b) Für die Wanderung auf den Berg brauchen sie genau 72 min. Wann sind sie auf dem Gipfel bei der Ruine?

A: Um **12.22** **Uhr** sind sie auf dem Gipfel.

c) Die Zahnradbahn zum Gipfel ist viermal so schnell wie Anna. Wie viele Minuten braucht die Bahn zum Gipfel?

A: Die Bahn braucht **18** **min** bis zum Gipfel.

d) Weil Anna mit ihrer Familie auf der Rückfahrt noch die Oma in Koblenz besucht, ist sie erst am nächsten Tag um 18 Uhr wieder zu Hause. Wie lang hat die Reise zum Drachenfels und zur Oma gedauert?

A: Die Reise hat **33** h **15** **min** gedauert.

8.45 —120 min→ 10.45

10.45 —25 min→ 11.10

120 + 25 = **145**

11.10 —72 min→ **12.22**

7	2	:	4	=	**1**	**8**
4	0	:	4	=	1	0
3	2	:	4	=		8
					1	8

8.45 —24 h→ 8.45

8.45 —9 h 15 min→ 18.00

24 h + 9 h 15 min

= **33 h 15 min**

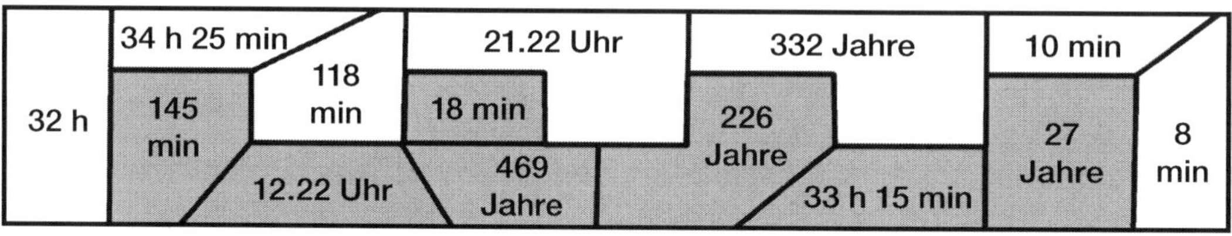

Ausmalen

Sachaufgaben: Gewicht (t, kg, g)

10 D

Text	Frage	Rechnung	Ergebnis
1 Ritter Kuno wiegt 86 kg. Seine Rüstung wiegt 25 kg.	Wie schwer dürfen Schwert und Schild von Walther höchstens sein?	765 kg : 9 kg	611 kg
2 Ritter Kunz wiegt mit Rüstung 125 kg. Sein Pferd wiegt 486 kg.	Wie viele Kugeln hat Kuno gekauft?	28 kg · 9	9 Pfeile
3 Ritter Walther wiegt zusammen mit seinem Pferd 486 kg. Die Zugbrücke vor seiner Burg trägt höchstens eine halbe Tonne.	Wie viel wiegt Kuno mit Rüstung?	720 g : 80 g	85 Kugeln
4 Jeder Pfeil für Kunos Armbrust wiegt 80 g, alle Pfeile zusammen 720 g.	Wie viel wiegen alle Rüstungen zusammen?	86 kg + 25 kg	252 kg
5 Ritter Kuno kauft neue Rüstungen für seine 9 Knappen. Jede Rüstung wiegt 28 kg.	Wie viele Pfeile hat Kuno bei sich?	500 kg – 486 kg	111 kg
6 Für die große Steinschleuder hat Ritter Kuno je 9 kg schwere Steinkugeln als Munition gekauft. Zusammen wiegt die Munition 765 kg.	Wie viel wiegen Ritter und Pferd zusammen?	125 kg + 486 kg	14 kg

So geht's:

- Löse die Aufgaben (im Kopf oder schriftlich).
- Schneide nur die stark umrandeten Puzzleteile (Frage, Rechnung, Ergebnis) aus. Klebe den Rest (Überschriftenzeile und Texte) auf ein extra Blatt.
- Lege hinter jeden Text die passende Frage, die Rechnung und das Ergebnis.
- **Selbstkontrolle**: Alle Puzzleteile ergeben zusammengelegt ein Lösungsbild.

Puzzle

Sachaufgaben: Gewicht (t, kg, g) – Lösungen

10 D

Text	Frage	Rechnung	Ergebnis
1 Ritter Kuno wiegt 86 kg. Seine Rüstung wiegt 25 kg.	Wie viel wiegt Kuno mit Rüstung?	86 kg + 25 kg	111 kg
2 Ritter Kunz wiegt mit Rüstung 125 kg. Sein Pferd wiegt 486 kg.	Wie viel wiegen Ritter und Pferd zusammen?	125 kg + 486 kg	611 kg
3 Ritter Walther wiegt zusammen mit seinem Pferd 486 kg. Die Zugbrücke vor seiner Burg trägt höchstens eine halbe Tonne.	Wie schwer dürfen Schwert und Schild von Walther höchstens sein?	500 kg – 486 kg	14 kg
4 Jeder Pfeil für Kunos Armbrust wiegt 80 g, alle Pfeile zusammen 720 g.	Wie viele Pfeile hat Kuno bei sich?	720 g : 80 g	9 Pfeile
5 Ritter Kuno kauft neue Rüstungen für seine 9 Knappen. Jede Rüstung wiegt 28 kg.	Wie viel wiegen alle Rüstungen zusammen?	28 kg · 9	252 kg
6 Für die große Steinschleuder hat Ritter Kuno je 9 kg schwere Steinkugeln als Munition gekauft. Zusammen wiegt die Munition 765 kg.	Wie viele Kugeln hat Kuno gekauft?	765 kg : 9 kg	85 Kugeln

														7	2	0	:	8	0	=	**9**		7	6	5	:	9	=	**8**	**5**
	8	6			1	2	5			5	0	0											7	2	0	:	9	=	8	0
+	2	5		+	4	8	6		−	4	8	6		2	8	·	9	=	**2**	**5**	**2**			4	5	:	9	=		5
	1				1	1								2	0	·	9	=	1	8	0								8	5
1	**1**	**1**			**6**	**1**	**1**				**1**	**4**			8	·	9	=		7	2									
																			2	5	2									

Puzzle